Le divorce du XXIe siècle

Droit privé et sciences criminelles

Collection dirigée par Yves Strickler

Créée fin 2011 par Yves Strickler et le Centre d'études et de recherches en droit privé (devenu le Centre d'études et de recherches en droit des procédures en 2013) de la Faculté de droit et science politique de Nice, la collection rassemble des recherches originales, tirées notamment de travaux de recherche, de manifestations scientifiques ainsi que d'ouvrages collectifs sur les interrogations actuelles que rencontre la science juridique, spécialement dans le domaine du droit privé et des sciences criminelles.

Parutions antérieures

Émotion et sciences. Interactions (dir. Yves Strickler, Jean-Sylvestre Bergé et Marc Ortolani), octobre 271 pages.
L'action civile en droit pénal des affaires, (dir. Coralie Ambroise-Casterot), août 2021, 140 pages.
Le renouveau du droit des obligations — Perspectives franco-japonaises, (dir. Gaël Chantepie, Mathias Latina, Aya Ohsawa), septembre 2020, 208 pages.
Nouvelles procédures civiles, nouvelles pratiques professionnelles. Bilan et perspectives (dir. Natalie Fricero et Marie-Cécile Lasserre), juin 2020, 176 pages
Les sanctions de l'inexécution après la réforme du droit des contrats, Louise Bottin, mai 2020.
Équilibre et déséquilibre (s) en droit, (dir., Alexandra Baile, Cédric Chapelle, Caroline Fabre et Anne-Sophie Siew-Guillemin), mai 2020, 260 pages
Presse et procès pénal, (dir. Christine Courtin, Fabienne Ghelfi et Cédric Porteron), février 2020, 276 pages.
La procédure (dir. Joanna Genovese et Giovanna Debernardi), octobre 2018, 138 pages
Techniques de critique d'une décision « définitive ». Imprécision sémantique et pérennité des décisions de justice en procédure civile, Tennessee Caen, juin 2018, 160 pages
Réforme de la prescription pénale (dir Christine Courtin et Jean-Raphaël Demarchi), juin 2018, 154 pages.
Droit des sociétés et procédures collectives (dir. Laurence-Caroline Henry), janvier 2018, 207 pages
Le concept d'arbitrage (dir. Camille Leroy et Loïc Yboud), décembre 2017, 221 pages
Procédure civile et nouvelles technologies, Delphine de Lorgeril, septembre 2017, 164 pages
Mélanges en l'honneur du Doyen Roger Bernardini, « Parcours pénal » (dir. Christine Courtin, Marc Dalloz, Fabienne Ghelfi, Jean-François Renucci), mars 2017, 313 pages

Victor Hugo et les magistrats, Marcel Foulon, octobre 2016, 198 pages
Variations juridiques et sociologiques — Regards experts sur les grandes mutations du droit (dir. Marc Dalloz), septembre 2016, 141 pages
De la mobilisation du fait à la réalisation du droit (dir. Maxime Lei et Loïc Yboud), septembre 2016, 225 pages
Les enjeux patrimoniaux de la séparation — Questions récurrentes (dir. Laetitia Antonini-Cochin), juillet 2016, 112 pages
Les aspects procéduraux du dessaisissement, Benjamin Ferrari, février 2016, 192 pages
Le droit et les sentiments (dir. Laurie Bolleri-Schenique et Delphine Lanzara), décembre 2015, 219 pages
L'erreur judiciaire : Apprendre à douter pour lutter contre les erreurs judiciaires (dir. Xavier Pin), novembre 2015, 119 pages
Fonctionnaires et droit pénal. Des justiciables comme les autres ? (dir. Marc Dalloz et Christine Courtin), septembre 2015, 226 pages
L'expertise non judiciaire à l'aune des droits fondamentaux, Thibault Goujon-Bethan, janvier 2015, 196 pages
Un art, un droit, une question — Triptyque juridico-artistique (dir. Diane Boustani, Dalida Chabri, Marion Combe, Sarah Farhi, Marie-Cécile Lasserre), octobre 2014, 210 pages
Le paiement (dir. Marc Mignot et Jérôme Lasserre Capdeville), juillet 2014, 298 pages
Le vice de procédure. Réflexions désordonnées d'un artisan du droit sur l'article 2241, alinéa 2 du Code civil, Denys Mas, juin 2014, 137 pages
Le droit de l'exécution des peines. Espoirs ou désillusion ? (dir. Fabienne Ghelfi), juin 2014, 153 pages
Variations juridiques et politiques. Clés pour la compréhension du monde contemporain (dir. Yves Strickler), novembre 2013, 354 pages
Les infractions de harcèlement, Sylvana Paradiso, octobre 2013, 94 pages
Volonté et biens (dir. Yves Strickler et Fabrice Siiriainen), juillet 2013, 352 pages
La réforme de la garde à vue (dir. Christine Courtin), janvier 2013, 124 pages
L'arbitrage, questions contemporaines (dir. Yves Strickler et Jean-Baptiste Racine), juillet 2012, 224 pages
Le prix de la rupture. Au cœur des contentieux familiaux (dir. Laetitia Antonini-Cochin et Christine Courtin), mars 2012, 112 pages

Responsables scientifiques
Laetitia Antonini-Cochin, Marie-Cécile Lasserre

Textes réunis par
Laetitia Antonini-Cochin et Marie-Cécile Lasserre

Le divorce du XXIe siècle

L'Harmattan

5-7, rue de l'École-Polytechnique, 75005 Paris
http://www.editions-harmattan.fr
ISBN 978-2-343-24966-7
EAN 9782343249667

Responsables scientifiques

Laetitia ANTONINI-COCHIN
Marie-Cécile LASSERRE

Auteurs (ordre alphabétique) :

Natalie FRICERO, Professeure des Universités, Université Côte d'Azur, Membre du CERDP UPR 1201, Membre du Conseil Supérieur de la Magistrature.

Patrice HILT, Maître de conférences HDR Université de Strasbourg, Directeur de l'Institut d'études judiciaires, Responsable du Master 2 Droit de la famille interne, international et comparé, Membre EA n° 1351 FR Unistra-CNRS n° 3241.

Marie-Cécile LASSERRE, Maître de conférences HDR, Université Côte d'Azur, directrice Master 2 Gestion des contentieux privés, Membre du CERDP UPR 1201.

Mathias LATINA, Vice-Doyen Recherche, Professeur des Universités, Université Côte d'Azur, Membre du CERDP UPR 1201.

Guillaume PAYAN, Vice-Doyen délégué à la vie étudiante, aux stages et à l'aide à l'insertion, Professeur des Universités, Université de Toulon, Responsable du Master Justice, procès et procédure, Membre CDPC Jean-Claude Escarras UMR CNRS 7318 DICE.

Sommaire

PREMIÈRE PARTIE

LA DÉJUDICIARISATION DU DIVORCE PAR CONTENTEMENT MUTUEL : BILAN ET PERSPECTIVES

LE DIVORCE PAR CONSENTEMENT MUTUEL ET LE DROIT COMMUN DES CONTRATS

Mathias LATINA
Agrégé de droit privé
Professeur à l'Université Côte d'Azur
Directeur du CERDP

1. Divorce par convention ? Depuis l'entrée en vigueur de la loi du 18 novembre 2016, « les époux peuvent consentir mutuellement à leur divorce par acte sous signature privée contresigné par avocats, déposé au rang des minutes d'un notaire »[1]. Il est étonnant que le législateur, annonçant la déjudiciarisation du divorce par consentement mutuel dans l'article 229, alinéa 1 du Code civil, se soit focalisé sur la forme de l'acte, à savoir un acte sous signature privée contresigné par avocats, plutôt que sur sa nature. Ce n'est que dans l'article 229-1 du Code civil que cette nature est révélée : il s'agit d'une convention. L'utilisation du terme convention est, somme doute, assez adéquate. En effet, un contrat est, au sens strict, « un accord de volontés entre deux ou plusieurs personnes destiné à créer, modifier, transmettre ou éteindre des obligations »[2]. Or, la convention de divorce n'a pas que des effets obligationnels. Certes, elle éteint les obligations du mariage et crée d'autres obligations, comme celle de verser une prestation compensatoire par exemple. Toutefois, le mariage ne se réduit pas aux obligations qu'il crée. En lui-même, c'est un lien, non obligationnel, que la convention vient dissoudre. Autrement dit, l'effet principal de la convention de divorce ne concerne pas une obligation. Certains auteurs ont toutefois soutenu que le divorce par consentement mutuel déjudiciarisé ne résultait pas uniquement de l'accord des parties : la dissolution du lien matrimonial interviendrait à l'issue d'une procédure amiable, dont le dernier temps serait le dépôt de la convention au rang

---

[1] J. Casey, « Le nouveau divorce par consentement mutuel. Une réforme en clair-obscur », *AJ Famille* 2017 p. 14 ; F. Chénedé, « Divorce et contrat. À la croisée des réformes », *AJ Famille* 2017 p. 26 ; F. Le Doujet-Thomas, « L'incidence de la réforme du droit des contrats sur le nouveau divorce « sans juge », *JCP N* 2017, n° 40, 1277 ; M. Mekki, « Le divorce par consentement mutuel conventionnel à la lumière du droit commun des contrats. Et si c'était vrai… », *Gaz. Pal.* 21 mars 2017, n° 290j0, p. 16 ; S. Thouret, « L'après-divorce conventionnel : vers le retour du juge ! », *AJ Famille* 2017 p. 42.
[2] C. civ., art. 1101.

des minutes d'un notaire[3]. Peut-être. Il n'en reste pas moins que la convention de divorce est la pièce centrale de cette procédure.

2. Convention sous condition suspensive. Cette convention est difficilement réductible aux catégories traditionnelles. Elle est sans doute synallagmatique et onéreuse puisque, d'une part, elle comprend des engagements réciproques des époux et, d'autre part, ces derniers n'entendent pas se dépouiller sans recevoir de contrepartie. En outre, cette convention sera, le plus souvent, négociée, et donc de gré à gré, sans que la présence des avocats aux côtés des époux n'exclue toutefois qu'une telle convention soit, ponctuellement, d'adhésion[4]. Enfin, la circulaire du 26 janvier 2017 qualifie la convention de divorce de convention à terme, le terme en question étant constitué par le dépôt de la convention au rang des minutes d'un notaire. Ses effets seraient donc « différés » jusqu'à la réalisation de cette formalité. Cette qualification est pourtant contestable. Si l'on souhaitait faire rentrer la convention de divorce dans une catégorie prédéfinie, il faudrait sans doute la qualifier de convention sous condition suspensive. Après tout, le dépôt au rang des minutes du notaire n'est pas automatique. Il est précédé par un contrôle, certes formel, du notaire. Or, un événement objectivement incertain, même si la probabilité de sa réalisation est forte, ne peut pas être qualifié de terme ; il s'agit d'une condition[5]. Ainsi le dépôt, qui n'est possible qu'après la vérification formelle que le notaire doit effectuer, va, aux termes de l'article 229-1, alinéa 3 du Code civil donner à la convention ses effets, en même temps qu'il va lui conférer date certaine et force exécutoire.

3. Soumission au droit commun des contrats. Toujours est-il que, tout à sa volonté de permettre aux époux de divorcer plus rapidement, le législateur n'a pas perçu les conséquences de la suppression de l'homologation judiciaire de la convention de divorce. Cette suppression a multiplié les possibilités de contestation de la convention, même déposée au rang des minutes du notaire (II). Le contrôle judiciaire *a posteriori* de la convention impose donc, par un choc en retour, que le contenu de la convention soit conforme au droit commun des contrats (I).

---

[3] J. Casey, *art. préc.*, spec. n° 7. Contra. G. Chantepie, « La contractualisation en droit privé », *RFDA* 2018 p.10.
[4] V. *infra*, n° 8.
[5] Civ. 1re, 13 juill. 2004, n° 01-01.429 ; Civ. 1re, 10 déc. 2014, n° 13-19.313.

I. Le contenu de la convention de divorce par consentement mutuel

4. Contenu obligatoire et facultatif. Le contenu de la convention de divorce est réglementé par la loi, cette dernière imposant la présence d'un certain nombre de mentions dans l'*instrumentum* de l'acte. La technique est connue, qui est employée, notamment, en droit de la consommation. Le législateur, comme souvent malheureusement, a pourtant fait preuve de légèreté. D'abord, s'il a prévu que l'absence des mentions exigées par l'article 229-3 du Code civil était sanctionnée par la nullité, il n'a pas précisé la nature de cette nullité, relative ou absolue, ce qui n'est pas sans poser de problème[6]. Ensuite, le législateur est resté silencieux sur la sanction des mentions, exigées cette fois par le Code de procédure civile dans ses articles 1144-1 et suivants. En conséquence, si l'absence du nom, de l'adresse professionnelle et de la structure d'exercice professionnel des avocats chargés d'assister les époux est sanctionnée par la nullité[7], *quid* de l'absence du nom du notaire chargé de recevoir l'acte en dépôt au rang de ses minutes[8] ? Faut-il raisonner par analogie et étendre la sanction des premières aux secondes ? Faut-il au contraire appliquer l'adage « pas de nullité sans texte », et ce afin de favoriser la stabilité de la convention de divorce ? Quoi qu'il en soit, ce contenu obligatoire, composé de mentions, comme celle relative à l'information du mineur sur son droit à être entendu par le juge, ou de dispositions particulières, comme celles relatives à la liquidation de la communauté, ne relèvent pas, à proprement parler, du droit commun des contrats. Ce contenu obligatoire n'est toutefois pas exclusif de toutes autres dispositions. Les parties peuvent en effet ajouter un certain nombre de clauses qui seront utiles à la sécurité de la convention de divorce, sous réserve que celles-ci ne débordent pas du cadre délimité par la loi.

Autrement dit, le contrôle du contenu de la convention de divorce prévu par le droit commun (**A**) n'interdit pas l'insertion de clauses, dont la présence est facultative, mais potentiellement utile à la convention de divorce (**B**).

---

[6] V. *infra*, n° 21.
[7] C. civ., art. 229-3, 2°.
[8] CPC, art. 1144-1.

A. LE CONTRÔLE DU CONTENU FACULTATIF DE LA CONVENTION

5. Limites à la liberté contractuelle. Le Code civil insiste particulièrement sur les limites à la liberté contractuelle, celle-ci ne pouvant s'exprimer, aux termes mêmes de l'alinéa 1 de l'article 1102 du Code civil, que « dans les limites fixées par la loi ».

6. La limite de l'ordre public. Ce cadre est, d'abord, délimité par l'ordre public, le Code civil le précisant à trois reprises : dans l'article 6 qui énonce que l'on ne peut déroger, par des conventions particulières, aux lois qui intéressent l'ordre public et les bonnes mœurs ; dans l'article 1102, alinéa 2 qui reprend, peu ou prou, la même formule en ne mentionnant plus les bonnes mœurs ; dans l'article 1162 qui ajoute que le contrat ne peut déroger à l'ordre public, ni par ses stipulations, ni pas son but. Un message, même répété, n'est pas nécessairement limpide. En effet, l'entreprise de définition de l'ordre public est vaine, et ce d'autant que les juges se réservent la possibilité de compléter l'ordre public textuel par un ordre public virtuel, dont ils sont maîtres. Affublé l'ordre public d'un qualificatif, ordre public économique, de protection ou encore familial[9] ne renseigne pas fondamentalement sur le périmètre de celui-ci. Au-delà des domaines dans lesquels le législateur a pris parti, comme par exemple en matière d'autorité parentale[10] ou des textes que les juges ont d'ores et déjà déclarés d'ordre public, comme ceux relatifs à l'obligation alimentaire[11], l'avertissement tiré du respect de l'ordre public sonne creux. *Quid*, par exemple, de la possibilité, offerte par l'article 1148-2 du Code de procédure civile aux époux, de saisir le juge d'une demande de divorce jusqu'au dépôt de la convention au rang des minutes du notaire ? Est-elle d'ordre public, de sorte que les époux ne pourraient y renoncer dans la convention ? C'est fort possible puisque l'on peut y voir une mesure de protection du consentement d'un des époux. Toujours est-il que le rédacteur d'acte

[9] V. toutefois le rapport annuel de la Cour de cassation pour l'année 2013 qui consacre un chapitre à « ordre public et famille ». Disponible en ligne : https://www.courdecassation.fr/publications_26/rapport_annuel_36/rapport_2013_6615/etude_ordre_6618/notion_ordre_6659/ordre_public_6661/ordre_public_29159.html

[10] L'autorité parentale est d'ordre public : C. civ., art. 376 et 1388.

[11] Les règles qui gouvernent l'obligation alimentaire sont, par exemple, d'ordre public : Civ. 1re, 5 déc. 2012, 11-19.779.

est ainsi contraint de s'en remettre à son « bon sens » afin de limiter l'imagination des parties, notamment s'agissant des clauses relatives aux effets extrapatrimoniaux du divorce ou dont l'objet est de limiter la liberté d'un des ex-époux. On imagine mal, par exemple, qu'un des parents puisse renoncer conventionnellement à voir ses enfants ou à entretenir le moindre contact avec eux, cette clause contrevenant aussi bien à la liberté individuelle du parent concerné, qu'à l'intérêt des enfants. Qu'en est-il de la clause de célibat ? Il semble acquis qu'une telle clause, dans laquelle une partie renonce à se remarier, est contraire à l'ordre public puisqu'elle porte atteinte à la liberté du mariage[12]. En revanche, les époux peuvent, en vertu de l'article 278 du Code civil, « prévoir que le versement de la prestation (compensatoire) cessera à compter de la réalisation d'un événement déterminé ». Cet événement pourrait donc être constitué par le remariage du bénéficiaire, sa nouvelle situation matrimoniale venant modifier sa situation patrimoniale. L'ordre public est donc une directive générale de prudence, le législateur ne disant pas autre chose, dans la circulaire du 26 janvier 2017, lorsqu'il indique que la convention de divorce ne peut contenir de « clauses fantaisistes ».

7. La police des clauses du contrat : 1170 du Code civil. Ensuite, depuis la réforme du droit commun des contrats du 10 février 2016, le législateur a mis en place une police des clauses du contrat. Dans un premier temps, l'article 1170 du Code civil énonce que « toute clause qui prive de sa substance l'obligation essentielle du débiteur est réputée non écrite ». Cet article, qui consacre la fameuse jurisprudence « Chronopost »[13], est d'application générale. Peu importe que la clause en question soit insérée dans un contrat d'adhésion ou de gré à gré. Peu importe qu'elle ait été négociable ou non. Seul compte son effet, à savoir qu'elle prive de substance l'obligation essentielle du débiteur. Reste que l'on peine à identifier, dans la convention de divorce, « l'obligation essentielle » du débiteur. On peut même douter qu'il y ait une telle obligation essentielle. En effet, l'effet caractéristique de la convention de divorce, celui qui lui donne sa typicité, n'est pas un effet obligationnel. Il s'agit de la cessation du lien matrimonial, qui est un

[12] Ces clauses sont sanctionnées en droit du travail. Dans les libéralités, la jurisprudence s'obstine à une recherche divinatoire de l'intention du testateur ou du donateur. Si le testateur ou le donateur est mu par la « jalousie », elle sera annulée. Si ce n'est pas le cas, elle sera validée.

[13] Com., 22 oct. 1996, n° 93-18.632.

effet légal, attaché au contrat pourvu qu'il ait été déposé au rang des minutes d'un notaire. Des obligations peuvent certes être souscrites par les époux, comme le versement d'une prestation compensatoire. Pour autant, de telles obligations ne sont pas « essentielles » puisqu'elles peuvent parfaitement ne pas être envisagées dans la convention. Pour que l'article 1170 du Code civil soit applicable à la convention de divorce, il faudrait donc que les juges passent sous l'éteignoir la condition relative au caractère « essentiel » de l'obligation. Seraient alors réputées non écrites les clauses qui vident de leur substance une obligation du débiteur… Si tel devait être le cas, la clause élusive de responsabilité en cas de non-paiement de la prestation compensatoire ou la clause limitative de réparation dont le plafond serait dérisoire pourrait être réputée non écrite. De toute façon, ne suffirait-il pas de dire qu'une telle clause est contraire à l'ordre public « familial » pour l'interdire, sans passer par le prisme technique de l'article 1170 du Code civil ?

8. La police des clauses du contrat : 1171 du Code civil. Le second mécanisme constituant la police des clauses du contrat figure à l'article 1171 du Code civil. Dans sa rédaction en vigueur pour les contrats conclus à compter du 1er octobre 2018, cet article interdit, dans les contrats d'adhésion, les clauses non négociables qui créent un déséquilibre significatif entre les droits et les obligations des parties[14]. Un contrat d'adhésion est, aux termes de l'article 1110 du Code civil, toujours pour les contrats conclus après le 1er octobre 2018, « celui qui comporte un ensemble de clauses non négociables, déterminées à l'avance par l'une des parties ». La présence de deux avocats, dont le rôle est de protéger leur client, assurera, dans l'écrasante majorité des cas, l'existence d'une négociation effective sur l'ensemble des éléments essentiels de la convention. Ce n'est donc que si un époux venait à accepter, contre l'avis de son avocat, la convention, présentée par l'autre comme non négociable, que celle-ci pourrait recevoir la qualification de contrat d'adhésion. Cette qualification est donc, sinon impossible comme le suggère la circulaire de 2017, au moins très improbable. Si une telle qualification était retenue, seules les clauses spécialement identifiées comme non négociables pourraient passer sous

[14] Le déséquilibre en question est un déséquilibre de pouvoir et non un déséquilibre économique, l'alinéa 2 de l'article 1171 du Code civil excluant que le juge puisse contrôler le caractère abusif de l'objet principal du contrat ou de l'adéquation du prix par rapport à la prestation.

les fourches caudines de l'article 1171. L'abus sera alors, classiquement, caractérisé par l'unilatéralisme du pouvoir conféré par la clause à une partie, dès lors que ce pouvoir ne sera pas compensé par un avantage[15] offert à l'autre.

Le contenu facultatif de la convention de divorce peut ainsi prendre la forme de clauses accessoires, essentiellement destinées à sécuriser son fonctionnement.

B. LES CLAUSES UTILES À LA CONVENTION DE DIVORCE

9. La clause de divisibilité : divisibilité des clauses entre elles. D'abord, les rédacteurs d'acte doivent envisager l'hypothèse de l'illicéité d'une clause. En vertu de l'article 1184 du Code civil, l'illicéité d'une clause peut en effet entraîner la nullité de la convention si celle-ci a constitué un élément déterminant de l'engagement d'une des parties. Pour éviter le risque d'annulation de la convention tout entière, il est donc nécessaire d'insérer une clause de divisibilité dans laquelle les parties affirmeront qu'aucune des clauses du contrat n'a constitué, au sens de l'article 1184 du Code civil, un élément déterminant de leur consentement. Ainsi, l'illicéité éventuelle d'une clause n'aura pas de conséquence sur la destinée de la convention de divorce elle-même.

10. Divisibilité du principe du divorce et de la convention de divorce ? Au titre de la clause de divisibilité, nombreux sont les modèles de convention de divorce qui précisent que l'annulation éventuelle de la convention n'aura pas de conséquence sur le principe même de la rupture du lien matrimonial. On peut clairement douter que les juges viennent un jour considérer que l'annulation de la convention de divorce entraîne la disparition rétroactive du divorce lui-même. En droit pur, pourtant, une telle disparition peut être soutenue. Après tout, si le divorce est bel et bien un effet de la convention de divorce, l'anéantissement rétroactif de celle-ci devrait entraîner l'anéantissement de ses effets. En vertu de l'article 1178 du Code civil,

[15] Cet avantage peut prendre la forme d'une contrepartie pécuniaire ou d'un autre pouvoir unilatéral.

un contrat nul est censé n'avoir jamais existé, de sorte qu'aucun effet ne peut lui survivre. C'est là une différence majeure entre la nullité, d'une part, et la résolution, d'autre part, qui, aux termes de l'article 1229 du Code civil, n'empêche pas la production de certains effets, ceux qui avaient précisément vocation à se produire en cas d'inexécution du contrat, telle la clause limitative de réparation. Même à considérer, comme certains auteurs[16], que le divorce est moins la conséquence d'un accord contractuel que celle d'une procédure amiable se terminant par le dépôt de la convention au rang des minutes du notaire, la disparition de la convention, pièce centrale, sinon unique, de cette procédure, devrait vider celle-ci de ses effets. Reste, qu'en opportunité, la disparition rétroactive du divorce serait délétère. Que l'on songe, par exemple, au remariage des ex-époux, qui tomberait, comme des dominos, pour bigamie… En elle-même, la clause qui entend maintenir l'effet principal de la convention de divorce, malgré l'annulation de celle-ci peut sembler inefficace. Les parties peuvent-elles réellement dissocier la rupture du lien conjugal du reste de la convention ? Pour justifier une telle dissociation, il faudrait considérer que l'accord sur le principe du divorce est une convention autonome, distincte de celles qui comportent l'accord sur la garde des enfants, sur la liquidation de la communauté ou encore sur la prestation compensatoire. C'est l'opinion, semble-t-il, de certains auteurs qui considèrent que le mensonge sur la situation patrimoniale d'un époux ne pourrait entraîner, sur le fondement du dol, que l'annulation des dispositions relatives à la prestation compensatoire[17]. Pourtant, ce ne pourrait être le cas que si la convention de divorce n'était pas un tout unique, mais une sorte de groupe de contrats : contrat sur le principe du divorce, contrat sur la garde des enfants, contrat sur la prestation compensatoire, contrat sur la liquidation de la communauté, etc. Or, une telle dissociation n'est pas envisagée par le Code civil qui traite d'une convention unique par laquelle les époux doivent, par un accord, s'entendre sur « la rupture du mariage et ses effets ». Il n'y a donc sans doute pas d'autre choix que de s'en remettre au sens de la responsabilité des juges, et à leur pouvoir créateur, afin qu'ils posent un principe jurisprudentiel de survie du principe divorce, en dépit de la nullité de la convention de divorce.

---

[16] J. Casey, *art. préc.*, spec. n° 7.
[17] F. Chénedé, *art. préc.*, spéc. n° 7.

11. Clause relative à l'interprétation. Ensuite, puisque le contentieux post-divorce est devenu, avec la suppression de l'homologation, un nouveau risque, le rédacteur d'acte doit tenter de le minimiser. Ainsi, la convention de divorce peut contenir les clauses usuelles relatives à l'interprétation du contrat. Une clause d'intégralité, encore appelée « clause des quatre coins » peut donc être insérée, à ce titre, dans la convention. Cette clause, dont le contenu est libre, peut interdire au juge de se référer à tout document autre que l'*instrumentum* de la convention lorsqu'il est contraint d'interpréter celle-ci. En particulier, tous les échanges préliminaires et tous les documents préparatoires peuvent être exclus, le juge devant alors se contenter d'interpréter la clause litigieuse par référence aux autres clauses du contrat. Au contraire, afin d'éclairer le sens de ses clauses, la convention peut renvoyer à la négociation précontractuelle, voire contenir un préambule destiné à retracer le cheminement de la négociation pour mieux expliquer le sens des choix qui ont été effectués en son sein. Par ailleurs, si d'aventure la convention devait être rédigée en plusieurs langues, et pour se prémunir des éventuelles difficultés de traduction, la convention devrait indiquer quelle a été la langue de rédaction du contrat et, en tout état de cause, préciser quelle version linguistique devra primer en cas de discordances d'interprétation.

12. Clause de médiation. Dans la même veine, une clause de médiation/conciliation préalable devrait être insérée dans le contrat, et ce afin de tenir, le plus longtemps possible, le juge à l'écart de la convention.

13. Clause abrégeant la prescription. En outre, un des meilleurs moyens de limiter la période de contestation post-divorce est de réduire conventionnellement le délai de prescription[18]. En vertu de l'article 2254 du Code civil, la durée de la prescription peut être abrégée par accord des parties. Dès lors, le délai de prescription des contestations tirées de la convention de divorce peut être réduit à un an, au minimum. Le point de départ de la prescription ne pourra pas, en revanche, être modifié. Ainsi, la prescription relative aux vices du consentement ne pourra commencer à courir que du jour de la découverte de l'erreur ou du dol, ou du jour où la violence a cessé[19].

---

[18] V. A. Hontebeyrie, « prescription extinctive », *in Rép. civ*. Dalloz, n° 616

[19] C. civ., art. 1144.

Quoi qu'il en soit, il n'est pas possible d'abréger le délai de prescription des actions relatives aux pensions alimentaires et aux créances périodiques, telle la prestation compensatoire dont le paiement a été échelonné.

14. Clauses de renonciation : renonciation à certaines sanctions de l'inexécution. Enfin, il peut être utile d'écarter, par une renonciation expresse, les mécanismes, dont on sait qu'ils ne sont pas d'ordre public, et dont l'utilisation en matière de convention de divorce pourrait poser problème. D'une part, les sanctions de l'inexécution ne sont pas d'ordre public, pourvu que les parties, malgré leur renonciation, aient conservé la possibilité de faire sanctionner l'inexécution. Autrement dit, il est possible de renoncer à certaines sanctions, dès lors que le créancier ne s'est pas intégralement dépouillé de la possibilité d'obtenir une sanction de l'inexécution. C'est ainsi que les parties peuvent s'engager à ne pas solliciter la résolution du contrat[20]. La sanction pourra alors consister dans l'exécution forcée et/ou la responsabilité contractuelle de l'ex-époux fautif. À l'inverse, on voit mal ce qui pourrait interdire l'introduction d'une clause résolutoire. La circulaire de 2017 affirme qu'une clause portant sur le principe du divorce serait contraire à l'ordre public. Mais cette affirmation peut ne pas convaincre. De deux choses l'une, en effet : soit la convention peut être résolue et la clause résolutoire, qui ne fait qu'épargner aux parties le recours au juge, ne peut être contraire à l'ordre public. Soit c'est la résolution de la convention, elle-même, qui est impossible, quel que soit le type de résolution (judiciaire ou extra-judiciaire). Mais pourquoi la résolution serait-elle impossible ? Le rédacteur de la circulaire semble avoir confondu le problème du type de résolution avec celui de l'effet de la résolution et, plus largement, des conséquences de la résolution sur le principe du divorce lui-même. Or, cette question, qui aurait dû être réglée par le législateur, dépasse la cadre de la simple clause résolutoire. Toujours est-il que l'insertion d'une telle clause est déconseillée, compte tenu de ses effets collatéraux et de l'incertitude actuelle relative à la pérennité de la rupture du lien conjugal.

15. Clauses de renonciation : imprévision. D'autre part, chacun sait que la révision judiciaire pour imprévision a été consacrée par la réforme du droit commun des contrats de 2016. Toutefois, le

---

[20] Civ. 3e, 3 nov. 2011, n° 10-26.203.

mécanisme mis en place par l'article 1195 du Code civil est supplétif de volonté, les parties pouvant s'engager à supporter le risque d'imprévision. Autrement dit, rien n'empêche les contractants de s'interdire de recourir à l'article 1195 du Code civil. Au vrai, il n'est pas certain qu'une telle renonciation soit utile à la convention de divorce. En effet, on peine à imaginer l'incidence d'un événement imprévisible sur l'équilibre de la convention de divorce, si l'on excepte l'hypothèse de la prestation compensatoire dont le paiement serait échelonné ou sous forme de rente. Or, en la matière, le Code civil prévoit des dispositions spéciales dont on peut penser qu'elles excluent, d'emblée, le dispositif de l'article 1195[21]. Il n'empêche que, pour éviter toute argutie, tirée par exemple d'une application cumulative des dispositions générales et spéciales relatives à l'imprévision, celles-ci n'étant pas nécessairement incompatibles les unes avec les autres[22], une telle renonciation pourrait favoriser la stabilité de la convention de divorce.

Précisément, le principal danger qui guette la convention de divorce, depuis qu'elle a rejoint le giron du droit commun des contrats, est celui relatif à sa contestation, qu'il faut à présent étudier.

II. La contestation de la convention de divorce par consentement mutuel

La déjudiciarisation, *a priori*, du divorce par consentement mutuel a ouvert à la voie à la contestation, *a posteriori*, de la convention par les ex-époux (**A**) et a modifié la forme de celle des tiers (**B**).

A. LA CONTESTATION PAR LES PARTIES

16. Quasi-disparition de l'homologation judiciaire. L'homologation judiciaire de la convention de divorce, envisagée par l'article 279 du Code civil, n'a pas totalement disparu du droit positif. Elle a toutefois été réduite à une hypothèse d'école, celle dans laquelle un enfant mineur, informé de la possibilité d'être entendu par un juge,

[21] F. Chénedé, *art. préc.*, n° 3.

[22] V. en ce sens, M. Mekki, *art. préc.*, n° 34.

demanderait à bénéficier de cette audition[23]. Dans cette hypothèse, l'indissociabilité de la convention de divorce homologuée avec le prononcé du divorce est maintenue. Cette indissociabilité, lorsqu'elle concernait toutes les conventions de divorce, avait le mérite de tarir le contentieux de l'après-divorce, qui se focalise en général sur les intérêts pécuniaires des époux. La jurisprudence considérait en effet que le contrôle de la convention par le juge lors de l'homologation purgeait celle-ci de ses vices. Cette intangibilité était absolue puisqu'elle interdisait que la convention homologuée soit interprétée en cas d'imprécision ou complétée en cas de lacune. La seule voie qui s'ouvrait aux parties était donc celle de la modification conventionnelle, suivie d'une nouvelle homologation. Autant dire que la situation était bloquée si un des ex-époux refusait une telle modification. Nombreux ont été les auteurs qui ont soulevé le risque d'une augmentation du contentieux post-contractuel en raison de la levée de l'obstacle de l'homologation. Force est de constater que cette augmentation est, pour l'instant, limitée. À ce jour, une seule décision mentionne une tentative de remise en cause de la convention de divorce par un ex-époux[24]. Le risque reste donc théorique, à moins qu'il ne soit encore dissimulé par l'accès réduit aux décisions des juges du fond. Si l'on met de côté l'hypothèse de la révision de la convention, un ex-époux pourrait tenter, soit d'engager la responsabilité de l'autre afin d'obtenir des dommages et intérêts (1), soit d'obtenir la nullité du contrat (2).

1) La responsabilité

17. Responsabilité contractuelle. Si un des époux venait à mal exécuter ou à ne pas exécuter un des engagements pris dans la convention, il pourrait engager sa responsabilité contractuelle. Sur ce fondement, l'époux victime pourrait ainsi demander la réparation du préjudice qu'il a subi du fait de cette inexécution pourvu que celui-ci soit prévisible. Le droit commun de la responsabilité contractuelle a donc vocation à s'appliquer en cas d'inexécution de la convention de divorce, à moins qu'il n'existe des règles spéciales incompatibles.

---

[23] C. civ., art. 229-2. Ce texte envisage également l'hypothèse d'un époux placé sous un régime de protection.
[24] CA Nîmes, 14 avril 2020, n° 19/00887.

18. Responsabilité délictuelle : négociation. Dans d'autres hypothèses, c'est la responsabilité délictuelle qui pourra être invoquée. Ce sera le cas lorsque la faute reprochée à un ex-époux aura été commise dans la période précontractuelle, c'est-à-dire lors de la négociation de la convention de divorce. D'une part, l'article 1112 du Code civil, codifiant la jurisprudence antérieure, précise que si l'initiative, le déroulement et la rupture des négociations sont libres, les parties doivent satisfaire aux exigences de la bonne foi. En la matière, les époux sont d'autant plus libres que la loi leur offre la possibilité d'opter pour un divorce judiciaire, même après signature de la convention, tant que celle-ci n'a pas été déposée au rang des minutes d'un notaire[25]. D'aucuns pourraient donc affirmer que puisque la convention, acceptée par les époux, est précaire tant qu'elle n'a pas obtenu force exécutoire, elle l'est d'autant plus avant qu'un accord formel n'ait été trouvé. De la sorte, tout engagement de la responsabilité d'un ex-époux en cas de rupture de la négociation devrait être exclu. Il n'est toutefois pas impossible qu'une telle responsabilité soit retenue. En effet, ce n'est pas la rupture qui est fautive, celle-ci étant libre en principe (et encore plus lorsqu'elle concerne une convention de divorce). Ce sont les circonstances de celles-ci qui sont susceptibles d'être constitutives d'une faute. Il en irait ainsi lorsqu'un ex-époux mènerait une « négociation de façade », le tout afin de prendre le temps de rassembler des éléments lui permettant d'opter pour un divorce judiciaire. Ainsi, comme en droit commun, le fait d'entamer une négociation sans avoir la volonté de la mener à bien pourrait être constitutif d'une faute, la difficulté étant, pour l'époux-victime, de prouver cette mauvaise foi. S'il réussissait à rapporter cette preuve, il pourrait obtenir la réparation de la perte qu'il a subie, mais non la compensation de tout ou partie des avantages qu'il aurait pu retirer de la convention de divorce, avantages qu'il aurait, de toute façon, été difficile d'évaluer en argent. Ce sont donc essentiellement les honoraires de l'avocat, dépensées en pure perte, qui pourront être compensés[26].

19. Responsabilité délictuelle : obligation d'information. D'autre part, l'article 1112-1 du Code civil précise qu'une partie doit donner à l'autre les informations déterminantes de son consentement, c'est-à-

---

[25] CPC, art. 1144-1.

[26] V. en ce sens, M. Mekki, *art. préc*, n° 9.

dire qui ont un lien direct et nécessaire avec le contenu du contrat ou la qualité des parties, dès lors au moins qu'elle ignorait légitimement cette information ou pouvait légitimement lui faire confiance. Les obligations du mariage, qui ne cessent pas lorsqu'une négociation sur une convention de divorce a été entamée, peuvent permettre à un époux de faire légitimement confiance à l'autre. Dès lors, le fait, pour un époux, de ne pas dévoiler à l'autre une partie de ses ressources, l'adultère qu'il a commis lors du mariage ou encore sa nouvelle situation sentimentale peut constituer une faute, ces informations ayant un lien direct et nécessaire, pour la première, avec le contenu de la convention de divorce, que l'on songe à la prestation compensatoire et, pour les suivantes, avec la qualité des parties. Sur ce fondement, un ex-époux pourrait donc obtenir des dommages et intérêts destinés à réparer le préjudice subi.

La responsabilité d'un des ex-époux n'est, toutefois, pas le contentieux post-divorce le plus grave. En effet, le danger provient essentiellement de l'annulation de la convention, celle-ci n'étant plus protégée par l'homologation judiciaire.

2) La nullité

20. Sort du divorce en cas d'annulation de la convention. La possible annulation de la convention de divorce aurait dû être envisagée par le législateur afin qu'il dissocie la destinée de la convention du divorce lui-même. En d'autres termes, au principe d'indissociabilité de la convention et du principe du divorce, qui permettait à la première de bénéficier de l'autorité de chose jugée du second, aurait dû succéder un principe d'indépendance du principe du divorce et de la convention, le premier pouvant survivre à l'annulation de la seconde[27]. Comme ce n'est pas le cas, et dans l'attente d'un éventuel principe jurisprudentiel, le possible anéantissement du divorce en raison de l'annulation de la convention donne une acuité particulière aux différentes sources d'anéantissement qui sont aujourd'hui envisageables.

21. Mentions obligatoires. D'abord, comme on l'a vu, le législateur a imposé, à peine de nullité, la présence d'un certain nombre de mentions obligatoires dans l'*instrumentum* de la convention de divorce. Un ex-

[27] V. *supra*, n° 10.

époux pourrait donc demander la nullité de la convention si d'aventure une de ces mentions faisait défaut. En pratique, la rédaction de la convention par les avocats en amont et le contrôle formel effectué par le notaire en aval rend théorique le risque d'annulation. C'est heureux, car le législateur a omis de préciser si la nullité en question était relative ou absolue. Certes, l'on peut penser que le but de ces mentions est de protéger les ex-époux et non l'intérêt général. La nullité serait donc relative[28]. Mais, dans le doute, le créancier d'un des ex-époux pourrait tenter de démontrer le contraire afin de remettre en cause le partage et de saisir un bien attribué à l'autre ex-époux par la convention.

22. Époux protégé. Ensuite, l'article 229-2, 2 ° du Code civil exclut le divorce par acte d'avocat lorsque l'un des époux est placé sous un régime de protection juridique prévu aux articles 425 et suivants du même code, à savoir les mesures de sauvegarde de justice, de curatelle, de tutelle ou les mesures de représentation légale (mandat de protection et habilitation familiale). Cet article se contente de dire que les « époux ne peuvent consentir mutuellement à leur divorce ». Plutôt que d'utiliser l'adverbe « mutuellement » qui n'apporte rien à l'article, le législateur aurait été mieux inspiré d'utiliser le terme « valablement », ce qui aurait renseigné sur la sanction, à savoir la nullité. En l'état, c'est sans doute d'inexistence qu'il faudrait parler. L'enjeu est, ici encore, théorique. En pratique, les vérifications par les avocats empêcheront le problème de se matérialiser. On imagine mal en effet qu'une convention de divorce soit déposée au rang des minutes d'un notaire si l'un des époux est placé sous protection.

23. Insanité d'esprit. *Quid*, toutefois, de l'époux fragile qui n'aurait pas encore été placé sous un régime de protection ? En vertu de l'article 1129 du Code civil, « il faut être sain d'esprit pour consentir valablement à un contrat ». Dès lors, un ex-époux, ou son représentant, pourrait fort bien demander la nullité s'il arrivait à prouver que la convention a été conclue à une époque où il était atteint d'un trouble mental affectant son discernement. Avec le vieillissement de la population, les rédacteurs d'acte, et les notaires en particulier, sont de plus en plus souvent confrontés à la question de l'éventuelle insanité d'esprit de leur client. La règle, récemment rappelée, est que le notaire est tenu « de vérifier la capacité de son client lorsque des circonstances

---

[28] C. civ., art. 1179.

particulières lui permettent de mettre en doute ses facultés mentales »[29]. Il devrait en aller de même des avocats, chargés d'assister les époux. Ainsi, dès lors qu'un avocat dispose d'éléments qui peuvent lui faire douter de la capacité de fait de son client, il doit, sauf à engager sa responsabilité en cas d'annulation de la convention, demander un certificat médical. À cet effet, le 116e congrès des notaires de France avait d'ailleurs proposé l'ajout d'un alinéa 2 à l'article 414-1 du Code civil, libellé comme suit : « *en cas de doute sérieux sur la sanité d'esprit de l'une des parties à l'acte, en raison notamment de son grand âge, ou d'un état de santé précaire, le rédacteur de l'acte prendra le soin de solliciter la production d'un certificat rédigé par un médecin choisi sur une liste établie par le Procureur de la République avant, le cas échéant, de rédiger son acte* ».

24. Vices du consentement. En outre, les trois vices du consentement, envisagés par le Code civil, vont pouvoir être invoqués par les ex-époux qui chercheraient à remettre en cause la convention. Évidemment, l'intervention de deux avocats devrait éviter, en fait, que les époux subissent de tels vices. Mais le risque d'une invocation, en droit, est bel et bien présent puisque, faute d'homologation, la convention de divorce n'est plus purgée de ses vices. Un arrêt, rendu par la cour d'appel de Nîmes le 14 avril 2020, en témoigne[30]. Dans cette affaire, une ex-épouse, faisant feu de tout bois, avait évoqué son insanité d'esprit, mais, également, un vice du consentement, sans préciser lequel. Les juges d'appel ont alors pris la peine de vérifier, pour les exclure en l'espèce, tous les vices du consentement possibles, à savoir l'erreur, le dol et la violence et, plus précisément s'agissant de cette dernière, l'abus d'un état de dépendance. Cet arrêt confirme ainsi qu'un ex-époux peut invoquer un vice du consentement pour obtenir l'annulation de la convention. Encore faut-il, toutefois, qu'il réussisse à démontrer que les conditions du vice invoqué sont réunies.

25. Erreur spontanée. À l'occasion de la réforme du 10 février 2016, le législateur a codifié les solutions jurisprudentielles en matière d'erreur dans les articles 1132 à 1136 du Code civil. L'erreur dite « spontanée » est prise en compte lorsqu'elle porte sur les « qualités

---

[29] Civ. 1re, 8 juill. 2020, n° 19-17.097.
[30] CA Nîmes, 14 avril 2020, n° n° 19/00887.

essentielles de la prestation »[31] ou sur les « qualités essentielles de la personne »[32]. En revanche, elle est indifférente dès lors qu'elle concerne un motif[33] ou l'appréciation économique de la prestation reçue ou effectuée[34]. Parler d'erreur sur les qualités essentielles de la prestation ou de la personne semble *a priori* assez peu adapté à la convention de divorce. Toutefois, l'erreur sur la composition du patrimoine propre ou commun pourrait être assimilée à « une erreur sur les qualités essentielles de la prestation », pourvu qu'elle soit excusable. Par ailleurs, l'erreur sur la situation personnelle de l'autre partie (nouveau concubinage, voire existence d'un adultère au cours du mariage) pourrait être considérée comme une erreur sur les qualités essentielles de la personne, l'idée étant de dire que jamais un époux n'aurait consenti à un divorce amiable si le comportement de l'autre partie, pendant le mariage, avait été connu[35].

26. Dol. S'agissant du dol, le législateur a consacré les trois éléments matériels du dol qui avaient été découverts par la jurisprudence : manœuvre, mensonge, réticence dolosive, rebaptisée depuis 2016 « dissimulation intentionnelle »[36]. La différence majeure avec l'erreur spontanée est que toutes les erreurs provoquées par un dol sont susceptibles d'entraîner la nullité, même si elle ne porte que sur un motif ou sur l'appréciation économique de la prestation[37]. Rapportée à la convention de divorce, le mensonge dans la déclaration relative aux ressources des époux, la dissimulation d'un bien dans le partage, de la nouvelle situation familiale depuis la séparation, voire de l'existence d'un adultère au cours du mariage pourrait être considérée comme un

[31] C. civ., art. 1133.
[32] C. civ., art. 1134.
[33] C. civ., art. 1135.
[34] C. civ., art. 1136.
[35] Dans son arrêt de 2020, la cour d'appel de Nîmes (*préc.*), examinant brièvement la possibilité d'une erreur, s'est contentée d'énoncer qu'il n'existait « aucune méprise sur le contenu comme sur la valeur des prestations mises à la charge de M. J., très clairement énoncées par la convention » et qu'il ne pouvait « dès lors, à cet égard, y avoir une erreur au sens des articles 1133 à 1136 du code civil ». La référence à une éventuelle erreur sur la valeur des prestations est manifestement erronée, une telle erreur étant, de toute façon, indifférente.
[36] C. civ., art. 1137.
[37] Pour les contrats conclus après le 1er octobre 2016, le législateur a exclu que la dissimulation intentionnelle de la valeur de la prestation puisse entraîner l'annulation du contrat : C. civ., art. 1137, al. 3.

dol, et entraîner en conséquence l'annulation de la convention de divorce. Encore faudrait-il que l'ex-époux trompé démontre que cette erreur a été déterminante de son consentement, c'est-à-dire qu'il n'aurait pas consenti à la convention de divorce ou qu'il aurait consenti à des conditions substantiellement différentes.

27. Violence. Enfin, la présence de deux avocats devrait encore prévenir les hypothèses de violence au sens classique du terme, c'est-à-dire la violence physique ou les menaces émanant d'un époux ou de son entourage sur l'autre. Il faut toutefois évoquer le nouvel article 1143 du Code civil qui permet de prendre en compte les situations de contrainte que le contexte fait parfois peser sur une partie et dont l'autre entend profiter de manière malicieuse pour obtenir un avantage manifestement excessif. L'article 1143 du Code civil énonce en effet qu'« il y a également violence lorsqu'une partie, abusant de l'état de dépendance dans lequel se trouve son cocontractant à son égard, obtient de lui un engagement qu'il n'aurait pas souscrit en l'absence d'une telle contrainte et en tire un avantage manifestement excessif ». Sans rentrer dans le détail d'un texte que la jurisprudence devra éclairer[38], la notion d'état de dépendance pose un problème d'interprétation. La dépendance peut être entendue au sens strict du terme ; elle correspond alors à un lien de dépendance, préexistant au divorce, qui peut être affectif, économique ou encore psychologique. Le texte pourrait toutefois viser une dépendance au sens large, la dépendance étant alors synonyme de vulnérabilité. Quoi qu'il en soit, il pourrait être plaidé qu'une des parties a tiré profit de la fragilité ou de la dépendance, notamment affective, de l'autre, pour obtenir un avantage, notamment dans le partage des biens ou l'évaluation de la prestation compensatoire. Il n'en reste pas moins que les termes de l'article 1143 du Code civil sont exigeants. Un simple déséquilibre ou une simple inégalité ne suffira pas : il faudra la preuve d'un avantage « manifestement excessif ». Or, la présence d'un avocat aux côtés de chaque partie devrait prémunir les époux de ce type de déséquilibre. Toujours est-il que si un des époux venait à accepter une convention excessivement déséquilibrée, malgré l'avertissement reçu de son avocat, ce dernier devrait se réserver la preuve de son conseil afin de se prémunir d'une éventuelle action en responsabilité.

---

[38] V. déjà M. Latina, « Abus de dépendance (C. civ., art. 1143) : premiers enseignements des juridictions du fond », *D.* 2020, p. 2180.

28. Contenu. Pour terminer, on rappellera que les ex-époux pourront tenter de remettre en cause la convention en se fondant sur l'illicéité de son contenu[39]. La contrariété à l'ordre public d'une clause, sanctionnée par la nullité, pourra entraîner la nullité tout entière du contrat si la clause illicite était déterminante du consentement d'un ex-époux. En revanche, il est difficile d'imaginer qu'une convention de divorce puisse être annulée sur le fondement de l'article 1169 du Code civil qui prohibe les conventions à titre onéreux lorsqu'elles contiennent des contreparties illusoires ou dérisoires. Après tout, l'effet principal de la convention de divorce est la rupture du lien matrimonial, qui n'est jamais dérisoire ou illusoire.

Si la suppression de l'homologation a entraîné une ouverture de la contestation de la convention par les ex-époux, elle a également modifié celle des tiers.

B. LA CONTESTATION PAR LES TIERS

29. De la tierce opposition à l'action paulienne[40]. Si l'indivisibilité entre le jugement d'homologation et la convention de divorce empêchait la remise en cause de la convention par les parties, elle interdisait également aux tiers d'utiliser les voies de contestation de la convention du droit commun des contrats. Les tiers n'avaient donc pas d'autre choix que d'agir en tierce opposition à l'encontre du jugement d'homologation sur le fondement de l'article 1104 du Code de procédure civile[41]. La Cour de cassation avait, en particulier, condamné l'utilisation, de l'action paulienne[42]. Aujourd'hui, rien n'interdit à un créancier des époux d'utiliser l'article 1341-2 du Code civil. L'action paulienne permet à un créancier de faire déclarer inopposables, à son égard, les actes passés par un débiteur en fraude de ses droits. Ainsi, cette action ne tend pas à remettre en cause la convention *erga omnes*, mais simplement à en neutraliser les effets vis-à-vis du créancier

[39] V. *supra*, n° 6 s.
[40] Sur cette question, v. S. Thouret, *art. préc.*, spéc. n° 3.2.
[41] « Les créanciers de l'un et de l'autre époux peuvent faire déclarer que la convention homologuée leur est inopposable en formant tierce opposition contre la décision d'homologation dans l'année qui suit l'accomplissement des formalités mentionnées à l'article 262 du code civil. »
[42] Civ. 2e, 25 nov. 1999, n° 97-16.488.

agissant. Concrètement, si le partage des biens a été fait en fraude des droits du créancier, ce dernier pourra l'ignorer afin de saisir les biens entre les mains de son débiteur, comme s'ils n'avaient pas quitté son patrimoine.

30. Nullité absolue. Ensuite, avant même la réforme du divorce, les créanciers étaient mieux protégés que les époux, en cas d'ouverture d'une procédure collective, puisqu'ils avaient la possibilité d'obtenir la nullité, sinon de la convention de divorce passée en période suspecte, au moins de l'état liquidatif contenu dans celle-ci[43]. L'indivisibilité du jugement de divorce et de la convention cédait donc devant le caractère impératif des nullités de la période suspecte. Cette possibilité, ouverte à l'encontre de la convention homologuée, perdurera nécessairement après la réforme. En outre, si d'aventure la convention de divorce venait à être affectée d'une cause de nullité absolue, parce qu'elle serait par exemple, conformément à l'article 1162 du Code civil, contraire à l'ordre public (par son but ou ses stipulations), un tiers, dès lors qu'il aurait un intérêt à agir, pourrait demander l'anéantissement de la convention.

31. Action oblique. Enfin, un créancier qui, par hypothèse, serait informé de l'existence d'une cause de nullité relative, ne pourrait-il pas agir sur le fondement de l'action oblique pour obtenir la nullité de la convention de divorce en lieu et place d'un ex-époux ? Une telle ingérence du créancier dans les affaires de son débiteur est peu envisageable. En effet, l'article 1341-1 du Code civil ne vise que les actions à caractère patrimonial. En outre, au sein de celles-ci, il exclut encore celles qui sont exclusivement rattachées à la personne. La jurisprudence avait déjà interdit l'utilisation d'action dont l'exercice est subordonné à des considérations d'ordre moral ou familial, telle l'action destinée à obtenir la levée de l'inaliénabilité d'un bien reçu par donation[44]. Or, même si la jurisprudence venait à dissocier la destinée de la convention de divorce du principe même du divorce, la remise en cause de cette convention aurait nécessairement des conséquences extrapatrimoniales, que l'on songe, par exemple, à l'accord sur la résidence des enfants ou sur l'usage du nom d'un ex-époux. Il n'en reste pas moins que si la cause de nullité venait à n'affecter qu'une clause ou

---

[43] Civ. 1re, 25 janv. 2000, 97-21.119 ; Com., 7 nov. 2006, 04-18.650.
[44] Civ. 1re, 29 mai 2001, 99-15.776.

qu'une partie de la convention, sans qu'il n'y ait de répercussion autre que patrimoniale, l'action oblique pourrait éventuellement être envisagée.

LE DIVORCE PAR CONSENTEMENT MUTUEL EXTRAJUDICIAIRE ET LE DROIT INTERNATIONAL PRIVÉ

Guillaume P*AYAN*
Professeur des Universités, Université de Toulon
CDPC Jean-Claude Escarras (UMR CNRS 7318 DICE)

1. Un nouveau cas de divorce. La création d'un divorce par consentement mutuel par acte sous signature privée contresigné par avocats, déposé au rang des minutes d'un notaire – plus communément dénommé le « divorce sans juge » ainsi que le divorce par consentement mutuel « extrajudiciaire »[45], « déjudiciarisé »[46] ou « contractualisé »[47] – constitue l'un des importants apports de la loi n° 2016-1547 du 18 novembre 2016 de modernisation de la justice du 21e siècle[48]. Conformément au premier alinéa de l'article 229-1 du code civil, « lorsque les époux s'entendent sur la rupture du mariage et ses effets, ils constatent, assistés chacun par un avocat, leur accord dans une convention prenant la forme d'un acte sous signature privée contresigné par leurs avocats et établi dans les conditions prévues à l'article 1374 »[49]. Cet article se poursuit, dans un deuxième alinéa, en précisant que la convention ainsi rédigée est déposée au rang des minutes d'un notaire, lequel « contrôle le respect des exigences formelles » visées aux 1 ° à 6 ° de l'article 229-3[50]. Il incombe également à ce notaire de s'assurer que le projet de convention n'a pas

---

[45] Par opposition au « divorce par consentement mutuel judiciaire » régi par les articles 230 à 232 du code civil.

[46] C. ANGER, « Le règlement Bruxelles II ter au secours du divorce par consentement mutuel déjudiciarisé », *Gaz. Pal.*, 1er octobre 2019, p. 53.

[47] M.-L. NIBOYET, I. REIN-LESCASTEREYRES et L. DIMITROV, « La "désinternationalisation" du nouveau divorce par consentement mutuel ? », *Gaz. Pal.*, 4 avril 2017, p. 74.

[48] *JORF*, 19 novembre 2016, spéc. art. 50.

[49] Il est à noter que rien ne paraît exiger que les avocats sollicités par les époux souhaitant divorcer soient nécessairement français (*adde*, Loi n°71-1130 du 31 décembre 1971, art. 83) ou inscrits à un barreau français. À l'inverse, il résulte du deuxième alinéa de l'article 1146 du code de procédure civile que la convention et ses annexes peuvent être rédigées en langue étrangère, à condition d'accompagner ces documents d'une traduction réalisée par un traducteur habilité au sens de l'article 7 du décret n°2007-1205 du 10 août 2007.

[50] Cet article énumère les différentes mentions devant figurer à peine de nullité dans la convention.

été signé avant l'expiration du délai de réflexion de quinze jours, prévu à l'article 229-4 de ce même code[51]. Enfin, dans un troisième alinéa, il est ajouté que ce dépôt chez le notaire — dont il devra être délivré attestation[52] — « donne ses effets à la convention en lui conférant date certaine et force exécutoire »[53]. L'article 229-2 du code civil contient, quant à lui, d'utiles précisions sur le domaine de ce nouveau divorce. Deux exceptions bienvenues y sont prévues : ce divorce n'est pas possible, d'une part, lorsqu'un mineur — préalablement informé par ses parents de son droit à être judiciairement entendu dans les conditions prévues à l'article 388-1 du code civil — demande son audition par le juge[54] et, d'autre part, lorsque l'un des époux est placé sous l'un des régimes de protection prévus au chapitre II du titre XI du livre 1er du code civil (sauvegarde de justice, curatelle, tutelle ou mesures de représentation légales).

Avec cette nouvelle forme de divorce, entrée en vigueur le 1er janvier 2017, le législateur entend parfaire « la contractualisation progressive du droit de la famille » et apporter une solution aux critiques — de lenteur, complexité et coût excessif — régulièrement formulées à l'encontre des procédures judiciaires de divorce[55]. En réalité, l'objectif ayant présidé à la création de ce divorce trouve un écho bien au-delà des seules limites du droit de la famille, ainsi qu'en témoigne la multiplication des illustrations récentes d'un mouvement de

---

[51] Ce délai débute à compter de la réception du projet de convention adressé, par l'avocat, « par lettre recommandée avec demande d'avis de réception » (C. civ., art. 229-4, al. 1). Dans un contexte international, il pourrait opportunément être fait usage de la lettre recommandée électronique AR24, à condition que le notaire chargé du dépôt accepte ce type de recommandé (*adde*, Décret n° 2018-347 du 9 mai 2018).

[52] Cette attestation permet par exemple aux ex-époux de procéder à la mention du divorce sur les actes de l'état civil (*adde*, CPC, art. 1147).

[53] Dans la même veine, le second alinéa de l'article 229-4 du code civil dispose que c'est au jour où elle acquiert date certaine, que la convention a force exécutoire. *Adde*, CPCE, art. L 111-3.

[54] Auquel cas, une passerelle est ouverte pour basculer sur la procédure de divorce par consentement mutuel judiciaire. Le JAF peut alors être saisi aux fins d'homologation de la convention et du prononcé du divorce (*adde*, C. civ., art. 230 à 232 ; CPC, art. 1088 et s.).

[55] Circulaire du 26 janvier 2017 de présentation des dispositions en matière de divorce par consentement mutuel et de succession issues de la loi n°2016-1547 du 18 novembre 2016 de modernisation de la justice du XXIe siècle et du décret n°2016-1907 du 28 décembre 2016 relatif au divorce prévu à l'article 229-1 du code civil et à diverses dispositions en matière successorale, NOR : JUSC1638274C, *BOMJ* n°2017-06, 30 juin 2017.

déjudiciarisation, portées par le souhait du législateur de recentrer les juridictions sur leurs « missions essentielles ».

2. La carence de la législation de 2016. Le caractère extrajudiciaire de ce divorce n'engendre pas seulement des conséquences au niveau interne. Pour le dire autrement, ce trait caractéristique n'est pas neutre lorsqu'il est envisagé dans une perspective internationale. Or, sans remettre en cause l'opportunité d'une telle réforme pour les personnes souhaitant divorcer ou pour le bon fonctionnement de la justice — notamment au moyen du désengorgement escompté des juridictions — , il y a lieu de souligner que cette perspective internationale n'est pas abordée dans la loi n° 2016-1547 du 18 novembre 2016, dite « J. 21 ». Une telle carence — qui a été abondamment critiquée en doctrine[56] et qui a été à l'origine d'une plainte contre la France déposée devant la Commission européenne[57] — est assez étonnante, car, ces dernières années, le législateur avait semblé être attentif à ce type de considérations, en enserrant, au sein du code civil, des règles de droit international privé (essentiellement en matière de loi applicable) dans les dispositions relatives aux mariages[58] — pour certaines, codifiant des solutions jurisprudentielles bien établies — et aux PACS[59]. Quoi qu'il en soit, ce mutisme du législateur s'avère très problématique, tant il est vrai que les mariages — et, par extension, les divorces — dits « internationaux » sont de plus en plus nombreux[60]. En ce sens, il est aujourd'hui difficilement concevable de prévoir ce type de réforme en ignorant totalement le contexte international dans lequel les situations créées ont vocation à s'inscrire.

---

[56] Voir néanmoins D. BOULANGER, « Divorce extrajudiciaire et extraterritorialité : faut-il s'en inquiéter ? », *JCP N.* 2017. 263.

[57] Cette plainte a été déposée le 19 avril 2017 – par C. NOURISSAT, A. BOICHE, D. ESKENAZI, A. MEIER-BOURDEAU et G. THUAN DIT DIEUDONNE – pour non-respect par la France du droit de l'Union européenne : *JCP éd. G.* 2017, actu. 549. Voir égal. C. NOURISSAT, « Le divorce conventionnel à l'épreuve de l'ordre juridique de l'Union », *JCP N.* 2017, 548.

[58] C. civ., art. 202-1 et 202-2.

[59] C. civ., art. 515-7-1.

[60] Depuis sa création, on estime que 250 000 couples ont eu recours à cette procédure et, qu'en 2020, il existait des éléments d'extranéité dans 30% des actes déposés au rang des minutes des notaires. En ce sens, C. ROTH et V. CHAUVEAU, « Circulation internationale du divorce sans juge : pour un correctif », *AJ fam.* 2021, p. 141.

3. Le recours à des normes infra-législatives. Dans le prolongement de la loi « J. 21 » de 2016, ont successivement été adoptés le décret n° 2016-1907 du 28 décembre 2016[61] ainsi que la circulaire ministérielle du 26 janvier 2017[62]. Sans véritablement combler la lacune de la loi, ces textes contiennent quelques précisions sur la circulation transfrontière des conventions de divorce. Sous réserve des précisions qui seront apportées par la suite, on relève qu'il y est notamment fait mention de la possible utilisation du règlement (CE) n° 2201/2003 du Conseil du 27 novembre 2003 relatif à la compétence, la reconnaissance et l'exécution en matière matrimoniale et en matière de responsabilité parentale dit « Bruxelles II *bis* »[63], du moins en ce qui concerne les dispositions relatives à la rupture du lien matrimonial et à la responsabilité parentale. Or, postérieurement à l'adoption de ces textes, la Cour de justice de l'Union européenne s'est prononcée dans le sens de l'inapplication de ce règlement aux divorces « privés »[64]. Cependant, pour l'heure, il n'a point été tenu compte de cette jurisprudence en droit positif français.

4. Cette méconnaissance des conséquences internationales de la réforme engendre, en droit positif, une situation très inconfortable non seulement pour les personnes souhaitant divorcer[65], mais également pour les praticiens du droit — avocats et notaires — qu'elles vont solliciter. La situation devrait prochainement quelque peu s'améliorer, notamment à la faveur d'une évolution du droit de l'Union européenne matérialisée par une refonte du règlement « Bruxelles II *bis* ». Ainsi, la « relation » entre le divorce par consentement mutuel extrajudiciaire et le droit international privé, aujourd'hui contrariée **(I)**, pourrait s'apaiser dans les années à venir **(II)**.

---

[61] *Adde*, CPC, art. 509-3 et art. 1144 à 1148-3.

[62] NOR : JUSC1638274C, *BOMJ* n°2017-06, préc. La légalité de cette circulaire a parfois été mise en doute, dès lors qu'elle « sortirait de sa vocation interprétative de la loi, pour devenir créatrice de droit » : M.-L. NIBOYET, I. REIN-LESCASTEREYRES et L. DIMITROV, « La "désinternationalisation" du nouveau divorce par consentement mutuel ? », précité.

[63] *JOUE* n° L 338, 23 décembre 2003, p 1.

[64] Voir *infra* n° 18.

[65] De cette potentielle absence de reconnaissance transfrontière peuvent découler des conséquences néfastes sur la « garde » des enfants, sur la possibilité de se remarier ou encore sur les modalités de recouvrement d'une pension alimentaire.

I. *De lege lata* : une relation contrariée

5. Envisagée dans un contexte international, la création du divorce par consentement mutuel extrajudiciaire engendre des difficultés tant en termes de conflits de lois **(A)**, que de définition des règles relatives à la compétence internationale des notaires et aux effets transfrontières de la convention **(B)**.

A. LOI APPLICABLE AUX CONVENTIONS DE DIVORCE

6. Le divorce par consentement mutuel extrajudiciaire est possible — seulement — lorsque la loi française est applicable[66]. La circulaire du 26 janvier 2017[67] invite d'ailleurs les avocats et les époux à « vérifier » que le divorce relève bien de cette loi « et de le mentionner expressément dans la convention de divorce pour le principe du divorce et pour chacun de ses effets le cas échéant (modalités d'exercice de l'autorité parentale hors pension alimentaire, contribution à l'éducation et à l'entretien des enfants, prestation compensatoire, liquidation du régime matrimonial…) puisque les règles de droit international privé applicables sont différentes selon la matière considérée ».
Néanmoins, contrairement à ce qui est soutenu dans la circulaire, les règlements européens actuellement en vigueur sont visiblement inapplicables **(1)**, ce qui conduit à se reporter aux règles conventionnelles ou internes de droit international privé **(2)**.

---

[66] Voir toutefois M.-L. NIBOYET, I. REIN-LESCASTEREYRES et L. DIMITROV, « La "désinternationalisation" du nouveau divorce par consentement mutuel ? », précité.
[67] Voir en particulier l'annexe de cette circulaire, fiche 4.

1) Inapplication des règlements de l'Union européenne

7. La jurisprudence *Soha Sahyouni.* Dans son arrêt *Soha Sahyouni contre Raja Mamisch* du 20 décembre 201768, la Cour de justice de l'Union européenne dit pour droit que « l'article 1er du règlement (UE) n° 1259/2010 du Conseil, du 20 décembre 2010, mettant en œuvre une coopération renforcée dans le domaine de la loi applicable au divorce et à la séparation de corps, doit être interprété en ce sens qu'un divorce résultant d'une déclaration unilatérale d'un des époux devant un tribunal religieux, tel que celui en cause au principal, ne relève pas du champ d'application matériel de ce règlement ».
Au soutien de cette solution, comme cela est traditionnellement le cas, la Cour s'appuie sur le contenu des dispositions du règlement, sur le contexte dans lequel ces dispositions s'inscrivent ainsi que sur les objectifs poursuivis par ledit règlement. À ce sujet, elle relève notamment que, si ce texte ne contient aucune exclusion explicite des « divorces privés », plusieurs de ses articles font référence à l'intervention d'une juridiction[69]. De plus, elle met opportunément en lumière la cohérence à respecter à l'égard de la définition à retenir de la notion de divorce dans le règlement (UE) n° 1259/2010 dit « Rome III » et dans le règlement « Bruxelles II *bis* » qui l'a précédé[70]. Or, ainsi que nous le verrons[71], elle exclut les « divorces privés » du domaine d'application de ce dernier règlement. Par ailleurs, elle déduit des objectifs poursuivis par le législateur de l'Union, l'intention de ce dernier de voir ledit règlement « Rome III » s'appliquer aux seuls divorces prononcés soit par une juridiction étatique, soit par une autorité

---

[68] CJUE (1re ch.) 20 décembre 2017, *Soha Sahyouni contre Raja Mamisch*, aff. C-372/16, ECLI:EU:C:2017:988, concl. de l'avocat général H. SAUGMANDSGAARD ØE présentées le 14 septembre 2017. *Europe*, février 2018, comm. 102, note A. RIGAUX ; *D.* 2018, p. 966, obs. S. CLAVEL ; *Rev. crit. DIP* 2018, p. 899, note P. HAMMJE ; *AJ fam.* 2018, p. 119, obs. A. BOICHE, et 3, édito. V. AVENA-ROBARDET ; *JCP* 2018. doctr. 228, n° 10, obs. M. FARGE ; *Procédures* février 2018, comm. 44, obs. C. NOURISSAT ; *AJ fam.* 2018, p. 297, note C. ROTH ; *Dr. fam.*, mars 2018, chron. 1, V. EGEA ; *RTD eur.* 2018, p. 841, obs. V. EGEA ; *Dr. fam.*, avril 2018, comm. 114, note A. DEVERS ; *JDI*, octobre 2018, chron. 9, spéc. n°19, obs. M. WILDERSPIN ; N. JOUBERT, Comm. n°339, *in* G. PAYAN (dir.), *Espace judiciaire civil européen : arrêts de la CJUE et commentaires*, Bruylant, 2020.

[69] Arrêt, point 39.

[70] Arrêt, points 40 et s.

[71] Cf. n°18.

publique ou sous son contrôle[72], à l'exclusion d'autres types de divorces. La Cour prend en considération la circonstance qu'il n'a jamais été question, lors des négociations menées en vue de l'adoption de ce règlement, d'étendre son application aux divorces privés[73]. Enfin, le fait que plusieurs États membres aient introduit, dans leurs ordres juridiques respectifs, la possibilité de prononcer des divorces « sans intervention d'une autorité étatique », est indifférent pour la Cour de justice[74].

8. Inapplicabilité du règlement « Rome III ». À la lumière de la solution retenue et de la justification avancée, il est permis de considérer que le divorce extrajudiciaire français n'entre pas dans le champ d'application du règlement (UE) n° 1259/2010 « Rome III ». L'office du notaire dans le cadre de cette procédure — qui s'analyse en un contrôle formel — ne semble pas répondre aux exigences définies par la Cour de justice quant au « contrôle » exercé par l'autorité publique. En conséquence, les époux ne peuvent faire usage de ce règlement — et, en particulier, son article 5 — pour désigner la loi française dans leur convention.

Concernant les effets du divorce, il y a également lieu de considérer que les règlements européens régissant la résolution des conflits de lois ne s'appliquent pas non plus. Ainsi en est-il du règlement (CE) n° 4/2009 du 18 décembre 2008[75] en matière d'obligations alimentaires et du règlement (UE) n° 2016/1103 du 24 juin 2016[76] en matière de régimes matrimoniaux. Pour s'en tenir à ce dernier règlement — qui n'est point visé dans l'arrêt précité de la CJUE, pas plus d'ailleurs que dans la circulaire ministérielle du 26 janvier 2017 —, on peut signaler que les notaires n'exerçant pas de fonctions juridictionnelles y sont exclus de la notion de « juridiction »[77] et que les développements relatifs aux

---

[72] Arrêt, point 45.
[73] Arrêt, point 46.
[74] Arrêt, point 47.
[75] Règlement (CE) n° 4/2009 du Conseil du 18 décembre 2008 relatif à la compétence, la loi applicable, la reconnaissance et l'exécution des décisions et la coopération en matière d'obligations alimentaires, *JOCE* n° L 7, 10 janvier 2009, p. 1.
[76] Règlement (UE) n° 2016/1103 du Conseil du 24 juin 2016 mettant en œuvre une coopération renforcée dans le domaine de la compétence, de la loi applicable, de la reconnaissance et de l'exécution des décisions en matière de régimes matrimoniaux, *JOUE* n° L 183, 8 juillet 2016, p. 1.
[77] Règlement (UE) n° 2016/1103, cons. 29 et art. 3.

divorces y font référence au règlement (CE) n° 2201/2003 « Bruxelles II *bis* »[78].

2) Application des règles conventionnelles ou internes de droit international privé

9. En l'absence de règlement européen applicable, il convient de rechercher l'existence de conventions internationales — bilatérales ou multilatérales — liant la France ou, à défaut, de se reporter aux règles françaises de droit international privé.
Concernant le principe du divorce, sous réserve d'instruments internationaux applicables, on devrait assister à la résurgence de l'article 309 du code civil **(a)**. Pour ses effets, des conventions internationales existent **(b)**.

a) Le principe du divorce : résurgence de l'article 309 du code civil

10. Cas d'application de la loi française. Fort heureusement, l'article 309 du code civil, dont plusieurs auteurs avaient annoncé l'obsolescence[79], n'a pas été formellement abrogé[80]. Il est vrai que depuis l'entrée en application du règlement (UE) n° 1259/2010 « Rome III » — le 21 juin 2012 — ce texte était quasiment tombé en désuétude. La création du divorce extrajudiciaire lui donne de nouveau de l'importance.
Ce bel exemple de règle de conflit unilatérale prévoit successivement trois hypothèses dans lesquelles le divorce est régi par la loi française. Ainsi en est-il, tout d'abord, lorsque les deux époux sont de nationalité française et, ensuite, lorsque lesdits époux ont leur domicile sur le territoire français. À ces deux cas, s'ajoute un troisième, dont l'utilité est moins évidente pour le divorce par consentement mutuel extrajudiciaire, à savoir celui de l'application de la loi française lorsqu'aucune loi étrangère ne se reconnaît compétente, « alors que les tribunaux français sont compétents pour connaître du divorce ».

---

[78] *Ibid.*, cons. 32 et art. 5.
[79] Voir, par exemple, M.-L. NIBOYET et G. DE GEOUFFRE DE LA PRADELLE, *Droit international privé*, LGDJ, 5e éd., 2015, spéc. n°58, p. 60 ou encore F. MONEGER, *Droit international privé*, LexisNexis, 7e éd., 2015, nos 451 et s., p. 162.
[80] Dans le sens d'une abrogation partielle de cet article depuis l'entrée en application du règlement (UE) n°1259/2020, voir M.-L. NIBOYET et G. DE GEOUFFRE DE LA PRADELLE, *Droit international privé*, LGDJ, 7e éd., 2020, spéc. n°225, p. 174.

b) Les effets du divorce : usage possible des conventions internationales

11. Conventions et Protocole de La Haye. Ainsi que cela a été indiqué[81], dans ce dispositif, les époux s'entendent à la fois sur le principe de la rupture du lien conjugal et sur tous les effets engendrés. La question de la loi applicable aux effets du divorce ne doit donc pas être négligée.

En ces matières, on relève notamment l'existence d'un protocole et de conventions de La Haye liant la France[82]. On pense notamment au protocole du 23 novembre 2007 sur la loi applicable aux obligations alimentaires (principe de la loi de l'État de la résidence habituelle du créancier d'aliments), à la convention du 19 octobre 1996 concernant la compétence, la loi applicable, la reconnaissance, l'exécution et la coopération en matière de responsabilité parentale et de mesures de protection des enfants (principe de la loi de l'État de la résidence habituelle de l'enfant) ou encore à la convention du 14 mars 1978 sur la loi applicable aux régimes matrimoniaux[83] (à défaut de désignation de la loi applicable avant le mariage, le principe est celui de la loi de l'État sur le territoire duquel les époux établissent leur première résidence habituelle après le mariage).

---

[81] Cf. n° 1.

[82] *Adde*, G. PAYAN (dir.), *Conventions et Protocoles de La Haye annotés : Recueil annoté avec les jurisprudences des juridictions belges, françaises, luxembourgeoises et suisses ainsi que des juridictions européennes (C.J.U.E. et C.E.D.H.)*, Larcier, 2020.

[83] Cette convention concerne les époux mariés après le 1er septembre 1992.

B. COMPÉTENCE INTERNATIONALE ET CIRCULATION TRANSFRONTIÈRE

12. À l'image de la détermination de la loi applicable, l'identification de la compétence internationale du notaire[84] établi en France[85] **(1)** ainsi que la définition des modalités de circulation transfrontière du divorce et la reconnaissance de ses effets **(2)** sont sources d'interrogations.

1) Compétence internationale

13. Une compétence territoriale extensive. Ainsi que cela est rappelé dans la fiche 6 annexée à la circulaire ministérielle précitée du 26 janvier 2017, en droit interne, les notaires dépositaires de la convention ne sont pas assujettis à des règles de compétence territoriale[86]. Plus généralement, pour les rédacteurs de cette circulaire, ces professionnels « ont vocation à recevoir tout acte, émanant de parties françaises, comme étrangères, qu'elles soient domiciliées en France ou à l'étranger dès lors que le droit français s'applique à leur divorce ».
À cet égard, après avoir exclu tout recours aux dispositions nationales de compétence internationale — à savoir l'article 1070 du code de procédure civile et les articles 14 et 15 du code civil[87] — Monsieur

---

[84] À noter qu'il doit impérativement s'agir d'un notaire, la compétence des agents consulaires étant expressément écartée par l'article 8 du décret précité du 28 décembre 2016.

[85] À la suite d'une condamnation de la France par la CJUE (CJUE (grde ch.) 24 mai 2011, *Commission européenne contre République française*, aff. C-50/08, ECLI:EU:C:2011:335 : *JCP* éd. G. 2011, veille n° 661, note de F. PICOD), il n'est plus nécessaire d'être français pour accéder à la profession de notaire. Il peut également s'agir de ressortissants d'un autre État membre de l'Union ou d'un autre État partie à l'accord sur l'Espace économique européen (Décret n°73-609 du 5 juillet 1973 relatif à la formation professionnelle dans le notariat et aux conditions d'accès aux fonctions de notaire, art. 3).

[86] *Adde*, P. HAMMJE, « Le divorce par consentement mutuel extrajudiciaire et le droit international privé : les aléas d'un divorce sans for », *Rev. crit. DIP*. 2017, p. 143. À propos d'une solution consistant à prévoir des règles de compétence internationale applicables au notaire, voir M.-L. NIBOYET, I. REIN-LESCASTEREYRES et L. DIMITROV, « La "désinternationalisation" du nouveau divorce par consentement mutuel ? », précité.

[87] *Contra*, pour une possible utilisation de ces articles, voir S. HAMOU, L. MAYER, R. LOLEV, J. MINOT et C. BRASSENS, « Guide des bonnes pratiques du divorce par consentement mutuel dans un contexte international », *Dr. fam.*, février 2020, étude 7.

DEVERS conclue à la reconnaissance d'une « compétence universelle de l'ordre juridique français »[88]. Dans la même optique, cette grande latitude a conduit Maître BOICHE à se demander si la France n'allait pas devenir le « nouveau Las Vegas du divorce »[89].

14. La saisine d'une juridiction française à titre préventif ? Afin de « sécuriser la compétence des autorités françaises » antérieurement à la signature de la convention de divorce et de se prémunir contre l'introduction d'une procédure de divorce dans un autre État — à la faveur des options de compétence visées notamment dans l'article 3 du règlement (CE) n° 2201/2003 « Bruxelles II *bis* » — durant la phase de négociation[90], il pourrait être conseillé aux époux d'introduire un divorce contentieux en France — sous réserve de la compétence des juridictions françaises —, puis d'employer la passerelle prévue à l'article 247 du code civil[91].

15. La grande latitude concernant la compétence territoriale des notaires est toutefois immédiatement contrebalancée par les grandes incertitudes qui règnent à l'égard de la reconnaissance et de l'exécution de ce divorce à l'étranger.

2) Reconnaissance et exécution

16. En fonction des situations rencontrées, la reconnaissance du divorce peut être souhaitée dans un autre État membre de l'Union européenne **(a)** ou dans un État tiers **(b)**. À vrai dire, cette distinction s'avère ici sans réelle épaisseur, en raison de l'inapplication des règlements

---

[88] A. DEVERS, « Divorce prononcé en France », *in* P. MURAT (dir.), *Droit de la famille 2020-2021*, Dalloz action, 8e éd., 2019, p. 1889, spéc. n°524.451.

[89] A. BOICHE, « Divorce 229-1 : aspect de droit international privé et européen », *AJ fam.* 2017, p. 57.

[90] En ce sens, voir S. HAMOU, L. MAYER, R. LOLEV, J. MINOT et C. BRASSENS, « Guide des bonnes pratiques du divorce par consentement mutuel dans un contexte international », précité.

[91] Voir par ex., P. HAMMJE, « Le divorce par consentement mutuel extrajudiciaire et le droit international privé : les aléas d'un divorce sans for », précité. Voir égal., A. DEVERS, « Le divorce sans juge en droit international privé », *Dr. fam.*, janvier 2017, dossier 5 et A. BOICHE, « Divorce par consentement mutuel et droit international privé », *AJ fam.* 2018, p. 145. Sur les précautions à observer, voir néanmoins M.-L. NIBOYET, I. REIN-LESCASTEREYRES et L. DIMITROV, « La "désinternationalisation" du nouveau divorce par consentement mutuel ? », précité.

européens. Dans les deux situations, il doit être fait usage de la procédure d'*exequatur* prévue par l'État requis, lorsque des actes d'exécution sont nécessaires.

a) Au sein de l'Union européenne

17. Pour ce qui est de la circulation du divorce au sein de l'Union européenne, on retrouve un contexte semblable à celui rencontré en ce qui concerne la loi applicable et la compétence internationale, caractérisé par l'inapplication des règlements européens. Les situations respectives des parties de la convention relatives à la responsabilité parentale, au droit de visite ou encore aux obligations alimentaires appellent quelques observations séparées.

18. Matière matrimoniale et responsabilité parentale. L'adoption du décret n° 2016-1907 du 28 décembre 2016 a engendré une réécriture de l'article 509-3 du code de procédure civile. Dans son dernier alinéa, cet article dispose désormais que « par dérogation à l'article 509-1, sont présentées au notaire ou à la personne morale titulaire de l'office notarial ayant reçu en dépôt la convention de divorce par consentement mutuel prévue à l'article 229-1 du code civil les requêtes aux fins de certification du titre exécutoire en vue de sa reconnaissance et de son exécution à l'étranger en application de l'article 39 du règlement (CE) n° 2201/2003 du Conseil du 27 novembre 2003 [...] ».
Le problème est que ce règlement est inapplicable au divorce extrajudiciaire français. C'est du moins l'enseignement qu'il semble devoir être tiré de l'arrêt précité *Soha Sahyouni contre Raja Mamisch* du 20 décembre 2017. Cette solution est à rechercher dans les motifs de l'arrêt. La Cour y rappelle notamment que conformément au libellé de son article 1er, paragraphe 1, sous a), le règlement « Bruxelles II *bis* » « s'applique, quelle que soit la nature de la juridiction [...] au divorce ». Dans la même veine, son article 2, point 4, définit la notion de « décision » comme visant, notamment, « toute décision de divorce [...] rendue par une juridiction d'un État membre, quelle que soit la dénomination de la décision, y compris les termes "arrêt", "jugement" ou "ordonnance" »[92]. La Cour en tire la conséquence que la notion de « divorces » figurant dans ce règlement ne couvre que ceux prononcés

---

[92] Arrêt, point 41.

soit par une juridiction étatique, soit par une autorité publique ou sous son contrôle[93].
Ainsi, le libellé de l'article 509-3 du code de procédure civile contrevient à la jurisprudence de la Cour de justice de l'Union européenne écartant l'application du règlement « Bruxelles II *bis* » à l'égard des divorces « privés ». De même, les développements afférant à cet article, contenus dans la circulaire du 26 janvier 2017 apparaissent obsolètes[94]. En matière de responsabilité parentale, cela conduit, par exemple, à envisager la solution de l'homologation judiciaire des dispositions pertinentes de la convention par le juge aux affaires familiales[95] et, subséquemment, la formulation d'une demande de délivrance du certificat de l'article 39 du règlement « Bruxelles II *bis* » auprès du directeur de greffe de la juridiction[96].

19. Droit de visite. Ainsi qu'on vient de le constater, l'article 509-3 du code de procédure civile fait seulement référence aux certificats concernant les décisions en matière matrimoniale et concernant les décisions en matière de responsabilité parentale. Il n'est nullement question du certificat — de l'article 41 du règlement « Bruxelles II *bis* » — relatif au droit de visite. L'explication réside dans le fait qu'il incombe à un juge de délivrer ce certificat[97], ce qui permet d'écarter la compétence du notaire. Pour rendre exécutoire la convention de divorce portant sur l'exercice d'un droit de visite dans un autre État, il semble alors — là encore — qu'il faille opter pour la solution de l'homologation par le juge aux affaires familiales, conformément aux dispositions de l'article 1143 du code de procédure civile, et demander audit juge le certificat de l'article 41 du règlement « Bruxelles II *bis* ». Si elle prend le contrepied de l'esprit de la réforme et de l'objectif de désengorger les juridictions françaises, cette solution — qui est envisagée dans la circulaire du 26 janvier 2017 — est opportune pour simplifier la circulation internationale de la décision adoptée.

---

[93] Arrêt, point 48.
[94] Pourtant, toujours en faveur de l'application du règlement « Bruxelles II *bis* », voir, plus récemment, la réponse du ministère de la justice (à la question écrite n°13688 de M. C. RAYNAL) publiée *in JO Sénat*, 18 juin 2020, p. 2844.
[95] C. civ., art. 373-2-7.
[96] CPC, art. 509-1, I.
[97] CPC, art. 509-1, II.

20. Pensions alimentaires et prestations compensatoires. Concernant les « obligations alimentaires », du fait de l'inapplicabilité du règlement (CE) n ° 4/2009 du 18 décembre 2008 précité et dans le silence de la loi « J. 21 » et de son décret d'application, la solution d'une homologation de la convention « par le juge étranger » est mise en avant dans la circulaire ministérielle de janvier 2017. À cette première solution, les rédacteurs de la circulaire ajoutent — sans plus de précisions — que dans le cas où cette homologation ne serait pas possible « en raison des règles de compétence internationale ou parce que le droit national ne prévoit pas de mécanisme d'homologation », le créancier de l'obligation alimentaire prévue dans la convention de divorce pourrait solliciter « de toute autre manière l'incorporation de l'accord à une décision de ce juge ».
Par ailleurs, concernant la prestation compensatoire, afin d'anticiper d'éventuelles difficultés, il apparaît opportun de prévoir le versement sous la forme d'un capital, lors de la signature de la convention.

b) À l'extérieur de l'Union européenne

21. S'agissant de la reconnaissance et de l'exécution du divorce dans un État tiers à l'Union européenne, il est nécessaire de rechercher si des conventions bilatérales ou multilatérales liant la France sont en vigueur. À défaut, il faudra s'en remettre aux règles nationales de droit international privé des États concernés.
Le risque est ici de se voir opposer l'exception d'ordre public. On peut en effet penser que nombreux seront les États[98] qui considèrent que cette « mise à l'écart du juge » contrevient à leur ordre public international[99]. Des décisions en ce sens ont d'ailleurs déjà été prononcées dans plusieurs pays, dont l'Algérie[100]. À titre de

[98] On pense en particulier aux États dans lesquels les divorces sont exclusivement judiciaires.
[99] Concernant les pays de *Common law*, voir égal. D. ESKENAZI, C. BROWN et J. D. MORLEY, « Nouveau divorce par consentement mutuel : reconnaissance et risques de contentieux post-divorce dans les pays de *Common law* », *AJ fam.*. 2017. 347. S'agissant d'Israël, du Liban et de Dubaï, voir égal. J. TILLAYE-DUVERDIER, C. RICHARD et N. ASSUIED HODARA, « La circulation par consentement mutuel déjudiciarisé au Moyen-Orient », *AJ fam.* 2020, p. 645.
[100] R. IGUEDAD, « Reconnaissance du divorce par consentement mutuel en Algérie », *AJ fam.* 2020, p. 644. *Adde*, R. CRONE, « "Nouveau divorce" par consentement mutuel : aspects internationaux », *Defrénois*, 30 août 2018, p. 27 et C. ROTH,

comparaison, d'autres pays — tels que la Tunisie[101] et, dans une certaine mesure, le Maroc[102] — apparaissent davantage favorables à un tel accueil.

22. Bilan d'étape : importance du concours et des conseils de l'avocat. Au regard de ce qui précède, on comprend que des avocats pourraient être enclins à conseiller à leurs clients de ne pas recourir à ce divorce extrajudiciaire lorsque la situation présente ou est susceptible de présenter un élément d'extranéité (ex. : nationalité étrangère d'un époux, résidence habituelle à l'étranger d'un époux ou des enfants…) et d'opter pour une autre forme de divorce, telle que le divorce accepté[103]. D'ailleurs, ils sont même avisés de cette possibilité (de déconseiller les époux de choisir le divorce extrajudiciaire en présence d'une telle situation), dans la charte commune — du 23 décembre 2020[104] — liant le Conseil national des barreaux et le Conseil supérieur du notariat[105].

À tout le moins, afin de satisfaire au mieux à leur obligation de conseils, ils pourraient préalablement entreprendre des démarches auprès des consulats ou des ambassades des États concernés — visant à obtenir un « certificat de coutume » — ou auprès d'avocats étrangers[106], de façon à connaître les règles nationales de droit international privé et, particulièrement, la jurisprudence relative à l'exception d'ordre public. De même, il faudrait qu'ils justifient, auprès de leurs clients, l'accomplissement de ces démarches et, le cas échéant, qu'ils incluent une clause dédiée dans la convention[107]. Plus généralement, avec pédagogie et dans un langage accessible, ils devraient attirer l'attention

---

« Circulation hors l'Union des conventions de divorce : des signaux contradictoires en provenance du Maghreb », *AJ fam.* 2018. 148.

[101] TPI Tunis, 14 novembre 2017, n° 86358 : *Rev. crit. DIP* 2018. 211, note BEN ACHOUR.

[102] Z. NACIRI-BENNANI, « Accueil du divorce par consentement mutuel par le droit marocain et le droit tunisien », *AJ fam.* 2020, p. 637.

[103] C. civ. art. 233 et s.

[104] Charte, point 3, c).

[105] A.-M. CARO, « Charte de bonnes pratiques », *Dr. fam.*, février 2021, comm. 16.

[106] Pour un point de vue plus nuancé, voir A. BOICHE, « Rédaction de la convention de divorce dans un contexte international : spécificités à prendre en compte », *AJ. fam.* 2020, p. 634.

[107] À rapprocher avec S. HAMOU, L. MAYER, R. LOLEV, J. MINOT et C. BRASSENS, « Guide des bonnes pratiques du divorce par consentement mutuel dans un contexte international », précité.

de leurs clients sur les aléas relatifs à la prise en compte des effets du divorce extrajudiciaire à l'étranger[108] et, là encore, ils pourraient insérer une clause dédiée dans la convention. Il s'agit en cela de se protéger, autant que possible, contre l'engagement éventuel de leur responsabilité.

II. *De lege ferenda* : une relation apaisée ?

23. Afin d'apaiser la « relation » entre le divorce par consentement mutuel extrajudiciaire et le droit international privé, des solutions pourraient être trouvées tant à l'échelle du droit de l'Union européenne **(A)**, qu'à celle du droit français **(B)**.

A. ÉVOLUTION ENVISAGEABLE DU DROIT DE L'UNION EUROPÉENNE

24. Loin d'être figé, le droit de l'Espace judiciaire civil européen[109] est en constante évolution. Cela se manifeste non seulement par la création régulière de nouveaux règlements — d'ailleurs, le domaine du droit de la famille *lato sensu* semble être devenu un terrain d'élection de l'action du législateur de l'Union européenne[110] —, mais également par le réexamen des instruments existants. À ce titre, à compter du 1er août 2022, entrera en application le règlement (UE) n° 2019/1111 du Conseil du 25 juin 2019 relatif à la compétence, la reconnaissance et l'exécution des décisions en matière matrimoniale et en matière de responsabilité

[108] En ce sens, voir la charte commune rédigée par le Conseil national des barreaux et le Conseil supérieur du notariat en date du 23 décembre 2020, précitée.

[109] Domaine couvert par l'article 81 du traité sur le fonctionnement de l'Union européenne.

[110] Voir notamment le règlement (UE) n° 2016/1103 du Conseil du 24 juin 2016 « Régimes matrimoniaux » précité et le règlement (UE) n° 2016/1104 du Conseil du 24 juin 2016 mettant en œuvre une coopération renforcée dans le domaine de la compétence, de la loi applicable, de la reconnaissance et de l'exécution des décisions en matière d'effets patrimoniaux des partenariats enregistrés (*JOUE* n° L 183, 8 juillet 2016, p. 30). De même, voir déjà le règlement (UE) n° 1259/2010 du Conseil du 20 décembre 2010 « Rome III » et le règlement (CE) n° 4/2009 du Conseil du 18 décembre 2008 « Aliments », précités.

parentale, ainsi qu'à l'enlèvement international d'enfants[111], dit « Bruxelles II *ter* ». Ce nouveau texte engendre une évolution *a minima* permettant de reconnaître certains effets du divorce français par consentement mutuel extrajudiciaire **(1)**. Si l'on peut approuver une telle évolution, il apparaît qu'une réforme de plus grande ampleur serait opportune **(2)**.

1) Programmation d'une évolution a minima

25. La Cour de justice apparaît pleinement consciente des conséquences de sa jurisprudence *Soha Sahyouni* dans les États membres ayant inclus, dans leur ordre juridique, la possibilité de prononcer des divorces sans l'intervention d'une juridiction étatique[112]. Dans le prolongement des conclusions de son avocat général[113], elle a néanmoins indiqué dans cet arrêt que l'inclusion éventuelle de tels « divorces privés » dans le domaine du règlement (UE) n° 1259/2010 « Rome III » « nécessiterait des aménagements relevant de la compétence du seul législateur de l'Union »[114]. L'observation est transposable aux autres règlements européens, au premier rang desquels figure le règlement (CE) n° 2201/2003 « Bruxelles II *bis* ». Concernant ce dernier, cet « appel » de la Cour de justice a été entendu. En effet, parmi les innovations contenues dans le règlement (UE) n° 2019/1111 « Bruxelles II *ter* », on relève avec grand intérêt celle permettant la reconnaissance de plein droit des divorces déjudiciarisés **(a)**, sous réserve du possible usage d'un ou de plusieurs motifs de refus limitativement visés. Toutefois, aussi importante soit-elle, cette réforme est — par définition — circonscrite dans le domaine d'application du règlement « Bruxelles II *ter* », ce qui limite mécaniquement la portée du nouveau principe **(b)**.

---

[111] *JOUE* n° L 178, 2 juillet 2019, p. 1. (*adde* le rectificatif : *JOUE* n° L 347, 20 octobre 2020, p. 52)

[112] La France n'est pas isolée. D'autres États européens – tels que l'Espagne, l'Estonie, l'Italie, le Portugal ou la Roumanie – ont prévu dans leurs législations respectives des divorces extrajudiciaires. Voir not. Y. BERNAND, « Brèves observations sur les expériences étrangères de divorce sans juge », *Dr. fam.* 2016, dossier 24 et L. DE SAINT-PERN, « Le divorce sans juge en droit comparé », *Dr. fam.* 2018, dossier 22.

[113] Conclusions av. gén. H. SAUGMANDSGAARD ØE, précitées, spéc. point 66.

[114] Arrêt, point 47.

a) La consécration du principe de reconnaissance de plein droit

26. Reconnaissance de plein droit du divorce extrajudiciaire. Aux termes de l'article 65 du nouveau texte, les « accords relatifs [...] au divorce qui ont un effet juridique contraignant dans l'État membre d'origine sont reconnus dans les autres États membres sans qu'il soit nécessaire de recourir à aucune procédure particulière ». Or, le terme d'« accord » est ici entendu comme un « acte qui n'est pas un acte authentique, qui a été conclu par les parties dans les matières relevant du champ d'application du présent règlement et qui a été enregistré par une autorité publique notifiée à cet effet à la Commission par un État membre conformément à l'article 103 »[115]. Cette définition paraît parfaitement englober le divorce français par consentement mutuel extrajudiciaire.

Il y a tout lieu de penser que la France désignera les notaires en tant qu'autorités publiques compétentes. Dans une procédure donnée, il appartiendra alors au notaire de délivrer, à la demande d'une partie, un certificat, dans le respect des exigences posées à l'article 66 dudit règlement[116]. La délivrance de ce certificat est importante, car, à défaut de production de ce document, l'accord ne sera ni reconnu, ni exécuté dans les autres États membres de l'Union. En somme, ce certificat fait office de passeport judiciaire européen permettant à l'accord de voyager dans l'Union européenne.

Sans surprise, l'usage de formulaires dédiés[117] est prévu[118] et des conditions de délivrance sont posées[119].

Au nombre de ces exigences, il en est une qui concerne la compétence internationale : l'État membre ayant habilité l'autorité publique à enregistrer l'accord doit être celui dont les juridictions sont compétentes au titre du chapitre II du règlement[120]. En somme, pour que l'acte puisse circuler librement dans l'Union européenne, il faudra

---

[115] Règlement (UE) n°2019/1111, 25 juin 2019, art. 2, § 2, sous 3).

[116] La possibilité de rectifier ou d'annuler ce certificat est prévue à l'article 67 du nouveau règlement.

[117] Il s'agit des formulaires reproduits aux annexes VIII (accords en matière matrimoniale) et IX (accords en matière de responsabilité parentale, lesquels devront comporter un résumé de l'obligation exécutoire figurant dans l'accord).

[118] Règlement (UE) n°2019/1111, art. 66, § 1.

[119] Règlement (UE) n°2019/1111, art. 66, § 2 et § 3.

[120] Chapitre consacré à la compétence en matière matrimoniale et en matière de responsabilité parentale.

s'assurer que les juridictions françaises sont/seraient compétentes en vertu des règles prévues par l'article 3 du règlement[121].
Toujours au titre des conditions, il est exigé que l'accord ait un effet juridique contraignant dans cet État membre.
Par ailleurs, pour ce qui est du domaine de la responsabilité parentale, la délivrance du certificat est subordonnée à l'absence d'« éléments » indiquant que le contenu de l'accord « est contraire à l'intérêt supérieur de l'enfant ». Par hypothèse, il reviendrait donc au notaire d'évaluer ce qui est conforme ou contraire à cet intérêt, ce qui ne devrait pas toujours être aisé[122].
Enfin, ce certificat devrait le plus souvent être rédigé dans la langue de l'accord. Il est prévu qu'une partie puisse demander à ce qu'il soit rempli dans une autre langue officielle des institutions de l'Union, mais une telle demande ne devrait pas s'imposer à l'autorité compétente[123].

b) La portée du principe de reconnaissance de plein droit

27. La portée du nouveau principe doit être envisagée à l'aune de l'éventuel usage des motifs de refus de reconnaissance ou d'exécution ainsi que dans les limites du domaine d'application du règlement (UE) n° 2019/1111 « Bruxelles II *ter* ».

28. Prévision de motifs de refus de reconnaissance ou d'exécution de l'accord. Avec raison, le législateur de l'Union européenne a prévu des motifs de refus de reconnaissance ou d'exécution. Une distinction est opérée, suivant l'objet de l'accord.

---

[121] Aux termes de cet article, sont compétentes – pour statuer sur les questions relatives au divorce – les juridictions de l'État membre de la nationalité des deux époux ou de l'État membre sur le territoire duquel se trouve : la « résidence habituelle des époux »; la « dernière résidence habituelle des époux dans la mesure où l'un d'eux y réside encore »; la « résidence habituelle du défendeur »; « en cas de demande conjointe, la résidence habituelle de l'un ou l'autre époux »; la « résidence habituelle du demandeur s'il y a résidé pendant au moins une année immédiatement avant l'introduction de la demande »; ou « la résidence habituelle du demandeur s'il y a résidé pendant au moins six mois immédiatement avant l'introduction de la demande et s'il est ressortissant de l'État membre en question ».

[122] Pour une interrogation concernant les moyens dont disposera le notaire pour opérer ce contrôle, voir not. C. ANGER, « Le règlement Bruxelles II *ter* au secours du divorce par consentement mutuel déjudiciarisé », *Gaz. Pal.*, 1er octobre 2019, p. 53.

[123] En ce sens, il est indiqué qu'il n'y a pas d'obligation pour l'autorité délivrant le certificat de fournir une traduction ou une translittération du contenu traduisible des champs de texte libre (Règl. (UE) n°2019/1111, art. 66, § 4).

Concernant les accords relatifs au divorce, un tel refus peut être opposé lorsque : « cette reconnaissance est manifestement contraire à l'ordre public de l'État membre dans lequel la reconnaissance est invoquée » ; « l'accord est inconciliable avec une décision, un acte authentique ou un accord concernant les mêmes parties dans l'État membre dans lequel la reconnaissance est invoquée » ou encore « l'accord est inconciliable avec une décision, un acte authentique ou un accord antérieur établi dans un autre État membre ou dans un État tiers et concernant les mêmes parties, dès lors que cette première décision, ce premier acte authentique ou ce premier accord réunit les conditions nécessaires à sa reconnaissance dans l'État membre dans lequel la reconnaissance est invoquée »[124].
Concernant les accords en matière de responsabilité parentale, ce refus est encouru : « si la reconnaissance est manifestement contraire à l'ordre public de l'État membre dans lequel la reconnaissance est invoquée, eu égard à l'intérêt supérieur de l'enfant » ; « à la demande de toute personne faisant valoir que [...] l'accord fait obstacle à l'exercice de sa responsabilité parentale, [...] si l'accord a été conclu et enregistré sans intervention de cette personne » ; « si et dans la mesure où [...] l'accord est inconciliable avec une décision, un acte authentique ou un accord ultérieur en matière de responsabilité parentale établi dans l'État membre dans lequel la reconnaissance est invoquée ou l'exécution est demandée » ou « si et dans la mesure où [...] l'accord est inconciliable avec une décision, un acte authentique ou un accord ultérieur en matière de responsabilité parentale établi dans un autre État membre ou dans l'État tiers où l'enfant réside habituellement, dès lors que la décision, l'acte authentique ou l'accord ultérieur réunit les conditions nécessaires à sa reconnaissance dans l'État dans lequel la reconnaissance est invoquée ou l'exécution est demandée »[125].
Toujours en matière de responsabilité parentale, il est prévu que la reconnaissance ou l'exécution de l'accord peut être refusée s'il « a été enregistré sans que l'enfant qui est capable de discernement n'ait eu la possibilité d'exprimer son opinion »[126]. Sur ce dernier point, on peut souligner l'adéquation *a priori* avec le droit français, du fait de

[124] Règlement (UE) n°2019/1111, art. 68, § 1.
[125] *Ibid.*, art. 68, § 2.
[126] *Ibid.*, art. 68, § 3.

l'existence du formulaire d'information des enfants mineurs, dont le modèle est fixé dans l'arrêté du 28 décembre 2016[127].

29. Un domaine d'application triplement limité. La portée du principe de la reconnaissance de plein droit du divorce extrajudiciaire doit être envisagée dans la limite du champ d'application temporel, spatial et matériel du règlement (UE) n° 2019/1111 « Bruxelles II *ter* ».
En premier lieu, le nouveau règlement va s'appliquer aux — seuls — accords enregistrés le ou après le 1er août 2022. Autrement dit, les divorces conclus avant cette date ne seront pas concernés[128].
En deuxième lieu, le règlement permet la reconnaissance du divorce dans les États membres de l'Union européenne, à l'exception du Danemark. N'est donc pas visée la reconnaissance d'un tel divorce dans un État tiers.
En troisième lieu, ce règlement va seulement permettre la reconnaissance du principe du divorce et régir les questions ayant trait à la responsabilité parentale. Ne sont donc pas couvertes les autres mesures accessoires au divorce, telles que la prévision du paiement d'une pension alimentaire ou d'une prestation compensatoire ; le règlement (CE) n° 4/2009 « Aliments » demeurant quant à lui inchangé.

2) Opportunité d'une évolution d'ampleur

30. Pour une nouvelle stratégie législative européenne. Dans le domaine de la coopération judiciaire civile, plusieurs règlements européens ont fait l'objet d'un réexamen. À l'exception du règlement (UE) n° 2015/2421 du 16 décembre 2015 qui comporte des dispositions concernant la procédure européenne de règlement des petits litiges et la procédure d'injonction de payer européenne[129], tous les processus de

---

[127] Arrêté du 28 décembre 2016 fixant le modèle de l'information délivrée aux enfants mineurs capables de discernement dans le cadre d'une procédure de divorce par consentement mutuel par acte sous signature privée contresigné par avocat, déposé au rang des minutes d'un notaire, NOR : JUSC1633188A, *JORF*, 29 décembre 2016. *Adde*, annexe n°1 de la circulaire précitée du 26 janvier 2017.
[128] Règlement (UE) n°2019/1111, art. 100, § 1er.
[129] Règlement (UE) n°2015/2421 du Parlement européen et du Conseil du 16 décembre 2015 modifiant le règlement (CE) n°861/2007 instituant une procédure européenne de règlement des petits litiges et le règlement (CE) n°1896/2006 instituant une procédure européenne d'injonction de payer, *JOUE* n° L 341, 24 décembre 2015, p. 1.

réexamen mis en œuvre à ce jour ont été conçus pour ne concerner qu'un seul règlement à la fois.

Sans doute peut-on saluer le pragmatisme du législateur de l'Union européenne[130] qui adapte progressivement la législation de l'Union aux difficultés révélées par la pratique. De même, il est probable que le moment venu, le réexamen du règlement (CE) n° 4/2009 « Aliments » et celui du règlement (UE) n° 2016/1103 « Régimes matrimoniaux » tiendront compte de l'évolution consécutive à l'adoption du règlement (UE) n° 2019/1111 « Bruxelles II *ter* » quant aux divorces extrajudiciaires, si bien que l'incohérence législative aujourd'hui constatée ne devrait être que temporaire. Cependant, il nous semble, plus généralement, que la situation ici rencontrée est révélatrice d'une faiblesse de la stratégie législative européenne.

En ce sens, il paraît important de repenser l'approche du droit de l'Espace judiciaire civil européen et de privilégier une stratégie législative à deux échelons. Par hypothèse, le premier échelon se caractériserait par une programmation globale de l'action à mener, par l'Union, dans les domaines considérés ; le « droit de la famille » *lato sensu* pouvant constituer l'un de ces domaines. L'objectif serait de limiter les risques d'incohérence dans l'action à mener. Afin d'en favoriser la connaissance par les professionnels du droit et les justiciables européens, cette première étape pourrait se matérialiser par la rédaction et l'adoption — par le législateur européen — d'un programme pluriannuel qui deviendrait le cadre de référence des travaux de l'Union européenne. Chaque programme devrait contenir des précisions sur la terminologie utilisée par les institutions européennes, délimiter le champ d'application de l'action à mener (en « droit de la famille », ce domaine pourrait englober ceux du règlement « Bruxelles II *ter* », du règlement « Aliments », du règlement « Successions »[131], du règlement « Régimes matrimoniaux » ainsi que du règlement « Partenariats enregistrés ») et identifier les principes directeurs devant guider l'action de l'Union. Une fois ce programme adopté, on pourrait franchir le second échelon de cette stratégie

---

[130] De façon dérogatoire, il s'agit ici du – seul – Conseil de l'Union européenne (TFUE, art. 81, § 3).

[131] Règlement (UE) n°650/2012 du Parlement européen et du Conseil du 4 juillet 2012 relatif à la compétence, la loi applicable, la reconnaissance et l'exécution des décisions, et l'acceptation et l'exécution des actes authentiques en matière de successions et à la création d'un certificat successoral européen, *JOUE* n° L 201, 27 juillet 2012, p. 107.

législative européenne, lequel pourrait se caractériser par une approche « sectorielle ». Ce n'est qu'à ce stade que seraient envisagées la création et/ou la réforme de chaque procédure européenne venant s'inscrire dans le domaine précédemment délimité. Une telle stratégie législative européenne pourrait d'ailleurs parfaitement être combinée avec la création d'un « code de l'Espace judiciaire civil européen »[132].

B. ÉVOLUTION HYPOTHÉTIQUE DU DROIT FRANÇAIS

31. Deux solutions envisageables. L'amélioration du droit positif ne peut se résumer à une évolution de la législation de l'Union européenne, ne serait-ce qu'en raison de la circonstance que les situations d'extranéité rencontrées peuvent impliquer des États tiers. Sauf à envisager une adaptation des conventions internationales — bilatérales ou multilatérales — liant la France, cette amélioration doit également se matérialiser par une évolution du droit français.
À vrai dire, deux solutions opposées peuvent être envisagées : celle de l'interdiction du divorce extrajudiciaire dans les situations comportant un élément d'extranéité **(1)** et celle de l'aménagement des règles de droit de la famille et/ou du droit international privé **(2)**. La première solution semble devoir être écartée, au profit de la seconde.

1) La solution de l'interdiction

32. Prévision d'une nouvelle exception. Certains auteurs ont appelé de leurs vœux l'interdiction d'un tel divorce extrajudiciaire dans un contexte international. En pratique, dans cette perspective, l'article 229-2 du code civil pourrait viser une troisième exception[133]. Aux termes de cet article ainsi amendé, il serait indiqué que les époux ne peuvent consentir mutuellement à leur divorce par acte sous signature privée contresigné par avocats lorsque leur situation présente un élément d'extranéité, tel que notamment celui caractérisé par une différence de nationalité des époux ou la résidence habituelle à l'étranger de l'un d'eux.

---

132 *Adde*, G. PAYAN, « Avant-propos », *in* G. PAYAN et P. GIELEN, *Code de l'Espace judiciaire civil européen annoté*, Bruylant, 2017, p. 7.
133 En ce sens, A. LELOUVIER, « Les divorces internationaux confrontés à une déjudiciarisation nationale manifeste », *Dr. et patr.*, janvier 2021, p. 12.

33. Une solution inopportune. De prime abord, cette solution est séduisante, car elle élimine la difficulté. Cependant, elle présente deux inconvénients majeurs, qui conduisent à ne pas la privilégier.
En premier lieu, elle serait adoptée en méconnaissance de l'évolution de la législation européenne et, singulièrement, de l'entrée en application prochaine du règlement (UE) n° 2019/1111 « Bruxelles II *ter* ». Il serait dommage que la modification du droit européen visant à couvrir des situations juridiques telles que celle connue aujourd'hui en France ne conduise de nouveau à une inadéquation, à la suite d'une évolution « à contre-courant » du droit français.
En second lieu, elle suppose que l'on détermine en amont que la situation présente un élément d'extranéité. Or, cela n'est pas toujours possible. Le caractère international de cette situation peut se révéler postérieurement, à la faveur d'un déménagement à l'étranger, par exemple.

2) La solution de l'aménagement

34. La solution de l' « aménagement » du droit français pourrait être poursuivie principalement dans deux directions distinctes, mais qui ont en commun de parvenir à l'obtention d'un titre dont la reconnaissance transfrontière est traditionnellement admise, à savoir : un acte authentique ou un jugement.

35. La piste des actes authentiques. La première direction, qui a semble-t-il la faveur des notaires[134], consisterait à faire, de tous les actes de divorce qu'ils dressent, des actes authentiques. Ce n'est pas le cas en droit positif, le divorce étant un acte sous signature privée que le notaire enregistre et le dépôt de cet acte au rang des minutes ne lui conférant pas la qualité d'acte authentique[135]. Cette piste est intéressante, mais devrait sans doute s'accompagner d'une modification des règles relatives à l'office du notaire et au contrôle à exercer.
Dans une moindre mesure, il est d'ores et déjà possible de soutenir que la liquidation du régime matrimonial devrait être faite par acte

---

[134] En ce sens, C. ROTH et V. CHAUVEAU, « Circulation internationale du divorce sans juge : pour un correctif », précité.
[135] La convention des parties acquiert néanmoins date certaine et force exécutoire.

authentique, y compris en l'absence de biens immobiliers, lorsqu'il y a des biens à partager dans un autre État membre[136].

36. La piste de l'homologation judiciaire ou de la « re-judiciarisation ». La seconde direction serait celle de l'homologation judiciaire. À ce sujet, on a pu proposer une modification de l'article 229-1 du code civil se matérialisant par l'ajout d'un alinéa aux termes duquel : « en présence d'un ou plusieurs éléments d'extranéité affectant la situation de la famille, la convention de divorce par consentement mutuel devra être nécessairement homologuée par le juge. La liste, non exhaustive, des situations dans lesquelles le divorce par consentement mutuel serait considéré comme présentant un élément d'extranéité fera l'objet d'un décret »[137]. De façon moins systématique, d'autres auteurs ont suggéré de limiter l'accès au juge de l'homologation — saisi par voie de requête — aux cas où un époux justifierait de l'existence de « difficultés avérées » relatives à l'exécution de la convention à l'étranger[138].

Assurément, la solution de l'homologation — qui fait écho à celle mise en avant dans la circulaire de janvier 2017 en matière de droit de visite — semble en contradiction avec l'un des objectifs ayant présidé à la réforme de 2016 qui est d'alléger le rôle des juridictions. Cependant, il apparaît que l'exigence de sécurité juridique et celle, corrélative, de la stabilité de l'état des personnes doivent l'emporter. Il faut éviter les situations boiteuses, qui pourraient conduire notamment à des cas de bigamie. On peut aussi avancer que la procédure visant l'homologation est plus rapide qu'une procédure de divorce judiciaire.

---

[136] En ce sens, voir not. A. BOICHE, « Rédaction de la convention de divorce dans un contexte international : spécificités à prendre en compte », précité.

[137] A. DE GUILLENCHMIDT-GUIGNOT, « Divorce par consentement mutuel en droit international privé : brèves observations pour une modification du code civil », *Dr. fam.*, janvier 2018, dossier 2. Voir déjà, C. NOURISSAT, A. BOICHE, D. ESKENAZI, A. MEIER-BOURDEAU et G. THUAN DIT DIEUDONNE, « Le divorce par consentement mutuel "à la française" met à mal l'espace judiciaire commun et le principe de confiance mutuelle » (propos recueillis par F. CREUX-THOMAS) : *JCP éd. G.* 2017, actu. 549.

[138] C. ROTH et V. CHAUVEAU, « Circulation internationale du divorce sans juge : pour un correctif », précité.

LA PLACE RENOUVELÉE DES MARD

Natalie FRICERO
Professeur des Universités, Université Côte d'Azur
Membre du Conseil supérieur de la magistrature
Membre du CERDP UPR 1201

1. La crise du Covid 19 a été révélatrice des difficultés de la justice familiale. Le contentieux du divorce n'a pas été considéré comme essentiel, et le confinement imposé a conduit à un arrêt des procédures de divorce judiciaire. Cette a démontré toute l'utilité des divorces déjudiciarisés, mais leur mise en place suppose un « présentiel » des futurs divorcés pour la signature des actes, ce qui n'a pas permis leur utilisation pendant le confinement strict.

2. Ensuite, la crise a conduit les autorités publiques à développer la dématérialisation des procédures et le règlement amiable des conflits (médiation en visioconférence, médiation en ligne). Certes, nous n'assistons pas à l'émergence d'un « e-droit familial », d'un droit entièrement virtuel, avec un mariage en ligne et un divorce par internet précédé d'une médiation en ligne ! Il reste que le service public de la justice ne parvient plus, faute de moyens suffisants, à prononcer les divorces judiciaires dans des délais raisonnables[139]. En outre, les procédures ne sont plus adaptées aux mutations du droit de la famille qui conduisent à accorder aux individus une autonomie croissante. Tout ceci pousse le législateur à conférer aux modes amiables une place renouvelée.

3. Comment définir le mode amiable de règlement des conflits ou de résolution des différends ? Il s'agit d'un processus structuré par lequel les parties tentent de parvenir à un accord avec l'aide d'un tiers,

---

[139] INSEE, tableaux de l'économie française, paru le 27/02/2020 , indique en 2019 227000 mariags, et 62300 divorces prononcés par un juge en 2018 (dont seulement 300 divorces par consentement mutuele judiciaires, en raison du divorce par acte d'avocats, alors qu'il y en avait 33500 en 2017) ; le divorce par acte d'avocats représenterait plus de 55 % des divorces- L'étude de l'INED (institut national d'études démographiques) de février 2021, sur les ruptures et remises en couple chez les 50 ans et plus, indique que la part des séniors dans le divorce a nettement augmenté entre 1996 et 2016.

médiateur ou conciliateur[140], ou avec l'assistance d'un avocat dans le cadre d'une convention de procédure participative[141]. Mais on peut faire entrer dans les modes amiables les transactions et autres accords obtenus selon un processus informel, et même les accords portant sur une phase de l'instance comme c'est le cas avec la procédure participative de mise en état[142]. Dans le domaine du divorce, thème de notre colloque, il s'agit d'envisager successivement les perspectives des MARD et le bilan du droit positif actuel…

I. Un avenir radieux pour les MARD ?

4. Deux perspectives doivent retenir l'attention : la loi pour la confiance dans l'institution judiciaire et les recommandations du groupe de travail sur la réduction des délais de jugement présidé par Galeh Marzban [143].

A. LE PROJET DE LOI POUR LA CONFIANCE DANS L'INSTITUTION JUDICIAIRE

5— **Le projet annonce une revalorisation de l'acte contresigné par avocats[144] :** l'article L. 111-3 du code des procédures civiles d'exécution est complété par un 7 ° ainsi rédigé : « 7 ° Les transactions et les actes constatant un accord issu d'une médiation, d'une conciliation ou d'une procédure participative, lorsqu'ils sont contresignés par les avocats de chacune des parties et revêtus de la formule exécutoire par le greffe de la juridiction compétente. »

Le décret précisera le déroulé procédural : quel greffe, quel mode de saisine, quel contrôle, quel recours éventuel en cas de refus, quelle articulation avec l'homologation par le juge ? D'ores et déjà, on constate une approche très positive de l'acte contresigné par avocats qu'il s'agisse d'une transaction ou d'un accord issu d'un MARD, puisque la force exécutoire lui est attribuée selon un processus simplifié.

---

[140] Art. 21, loi n° 95-125 du 8 février 1995 et articles 1528 et 1530 CPC.
[141] Art. 2062 à 2067 C. civ., et art. 1542 s. CPC.
[142] Art. 1546-1 s. CPC.
[143] Président du TJ de Bobigny, recommandations publiées le 31 mars 2021.
[144] Art. 29, Conditions d'intervention des professions du droit.

Pour ce qui concerne les procédures de divorce et le contentieux familial plus largement, il faudra rester prudent quant à la portée de cette disposition. En effet, en ce domaine, le souci d'une protection effective de l'intérêt supérieur de l'enfant et de l'intérêt des époux conduit le législateur à imposer une homologation par le juge, afin qu'il puisse exercer un contrôle sur les accords. Par exemple, la procédure participative assistée par avocat ne permet pas d'éviter la procédure de divorce : l'article 2067 du code civil rappelle que la procédure de divorce doit être suivie même en cas d'accord des époux. De même, en cas d'accord parental relatif aux modalités de l'autorité parentale, l'article 373-2-7 du code civil[145] rappelle que l'homologation par le juge seule confère la force obligatoire et la force exécutoire et un acte contresigné par avocats devra tout de même être homologué.

6. **Une définition cohérente d'une « politique de médiation »**[146] résultera de la création d'un Conseil national de la médiation. Un article 21-6 est ajouté à la loi du 8 février 1995, pour instituer un Conseil national de la médiation, placé auprès du ministre de la Justice et chargé de :

« 1 ° Rendre des avis dans le domaine de la médiation définie à l'article 21 et proposer aux pouvoirs publics toutes mesures propres à l'améliorer ;

« 2 ° Proposer un recueil de déontologie applicable à la pratique de la médiation ;

« 3 ° Proposer des référentiels nationaux de formation des médiateurs et faire toute recommandation sur la formation ;

« 4 ° Émettre des propositions sur les conditions d'inscription des médiateurs sur la liste prévue à l'article 22-1 A.

Un décret en Conseil d'État fixera l'organisation, les moyens et les modalités de fonctionnement de ce Conseil. Pour l'exercice de ses

---

[145] « Les parents peuvent saisir le juge aux affaires familiales afin de faire homologuer la convention par laquelle ils organisent les modalités d'exercice de l'autorité parentale et fixent la contribution à l'entretien et à l'éducation de l'enfant. Le juge homologue la convention sauf s'il constate qu'elle ne préserve pas suffisamment l'intérêt de l'enfant ou que le consentement des parents n'a pas été donné librement. Les parents peuvent saisir le juge aux affaires familiales afin de faire homologuer la convention par laquelle ils organisent les modalités d'exercice de l'autorité parentale et fixent la contribution à l'entretien et à l'éducation de l'enfant. Le juge homologue la convention sauf s'il constate qu'elle ne préserve pas suffisamment l'intérêt de l'enfant ou que le consentement des parents n'a pas été donné librement ».

[146] Art. 29 bis du projet de loi pour la confiance dans l'institution judiciaire

missions, le Conseil national de la médiation recueillera toutes informations quantitatives et qualitatives sur la médiation.

7. La composition du Conseil garantira ses compétences. Siégeront au sein du Conseil national de la médiation des personnalités qualifiées ainsi que des représentants des associations intervenant dans le champ de la médiation, des administrations, des juridictions de l'ordre judiciaire et des professions du droit (art. 21-7, loi 8 févr. 1995).

B. LES RECOMMANDATIONS DU GROUPE DE TRAVAIL SUR LA RÉDUCTION DES DÉLAIS DE JUGEMENT

8. Plusieurs recommandations publiées le 31 mars 2021 intéressent directement l'intégration de la médiation intégrée dans les procédures devant le tribunal judiciaire. Les procédures judiciaires de divorce sont donc concernées.

9. 1 ° Développer la procédure participative de mise en état impose de prioriser l'audiencement des dossiers lorsque les avocats ont accepté de conduire une mise en état conventionnelle, d'accélérer des instances en homologation des accords issus d'une procédure participative et d'inciter les barreaux à s'emparer de l'acte sous signature privée contresigné par avocat de procédure (art. 1546-3 CPC).

10. 2 ° Promouvoir les MARD par une formation conjointe magistrats-avocats. Il est certain que la modification de l'article 8-2 du Règlement Intérieur National de la profession (RIN) qui constitue le socle de la déontologie commune des avocats, doit inciter la profession à appréhender le règlement amiable (même s'il ne s'agit pas d'une obligation !). À cet égard, il faut rappeler le dispositif issu du nouvel article 8.2 du RIN (règlement intérieur national) des avocats[147] qui introduit le règlement amiable dans la pratique professionnelle. En effet, aux termes de cette disposition, « avant toute procédure ou lorsqu'une action est déjà pendante devant une juridiction, l'avocat peut, sous réserve de recueillir l'assentiment de son client, prendre contact avec la partie adverse ou la recevoir afin de lui proposer un

[147] DCN n° 2020-004, AG du CNB du 18-12-2020 - Publiée au JO par Décision du 18-12-2020 – JO n° 0015 du 17 janvier 2021.

règlement amiable du différend. À cette occasion, il rappelle à la partie adverse la faculté de consulter un avocat et l'invite à lui en faire connaître le nom. Il s'interdit à son égard toute présentation déloyale de la situation et toute menace. Il peut néanmoins mentionner l'éventualité d'une procédure »… « La prise de contact avec la partie adverse ne peut avoir lieu qu'en adressant à cette partie une lettre, qui peut être transmise par voie électronique, en s'assurant préalablement de l'adresse électronique de son destinataire, rappelant la faculté pour le destinataire de consulter un avocat et l'invitant à lui faire connaître le nom de son conseil. Ces règles s'appliquent également à l'occasion de toute relation téléphonique, dont l'avocat ne peut prendre l'initiative ».

11. **3 ° Aménager l'organisation des juridictions pour développer la médiation.** Cela suppose, pour le groupe de travail, de désigner un magistrat référent médiation dans chaque juridiction, d'identifier en amont les dossiers se prêtant à la médiation, de prévoir la présence de médiateurs à l'audience pour orienter les parties et d'expérimenter la césure du procès civil (médiation intégrée).

II. Un passé au bilan mitigé

12. Le bilan des MARD conduit à un optimisme mesuré, qu'il s'agisse de l'extension de la tentative de médiation préalable ou de l'intégration des MARD dans les procédures de divorce.

A. FAUT-IL GÉNÉRALISER L'OBLIGATION DE TENTER LA MÉDIATION AVANT LA SAISINE DU JUGE ?

13. La réponse n'est pas évidente, en dépit des avantages indéniables de la médiation. Un rapport de recherches publié en décembre 2020[148] sur la TMFPO (tentative de médiation familiale préalable obligatoire) dresse un bilan assez pessimiste. Initialement prévue à titre expérimental devant deux juridictions, la TMFPO a été étendue par la loi n° 2016-1547 du 18 novembre 2016 de modernisation de la justice, dite J 21, devant onze juridictions. Selon la loi J 21 (modifiée par la loi

[148] L'évaluation de la tentative de médiation familiale préalable obligatoire, Quand médier n'est pas remédier, dir. Valérie BOUSSARD, mission Droit et justice.

n° 2020-1721 du 29 déc. 2020), son application est limitée dans le temps (initialement, 3 ans après la promulgation de la loi J 21), durée prolongée plusieurs fois jusqu'à fin 2022. Le ministère de la justice a annoncé le 12 mars 2021 le futur déploiement de la TMFPO à 84 juridictions au cours de l'année 2021. Les décisions fixant les modalités de l'exercice de l'autorité parentale ou la contribution à l'entretien et à l'éducation de l'enfant ainsi que les stipulations contenues dans la convention homologuée peuvent être modifiées ou complétées à tout moment par le juge, à la demande du ou des parents ou du ministère public, qui peut lui-même être saisi par un tiers, parent ou non. À peine d'irrecevabilité que le juge peut soulever d'office, la saisine du juge par le ou les parents doit être précédée d'une tentative de médiation familiale, sauf : 1 ° Si la demande émane conjointement des deux parents afin de solliciter l'homologation d'une convention selon les modalités fixées à l'article 373-2-7 du code civil ; 2 ° Si l'absence de recours à la médiation est justifiée par un motif légitime ; 3 ° Si des violences ont été commises par l'un des parents sur l'autre parent ou sur l'enfant.

14. La médiation est soumise à un régime particulier, aussi bien sur le plan du statut des médiateurs (qui peuvent être libéraux ou salariés d'une association subventionnée qui a passé une convention avec la CAF) qu'en ce qui concerne la formation (il existe un DE de médiateur familial créé par un décret du 2 déc. 2003, mais qui n'est pas une condition obligatoire pour effectuer une mission de médiation familiale). Les résultats analysés par le rapport rédigé sous l'égide de la mission Droit et justice ne sont pas à la hauteur des objectifs souhaités, à savoir désengorger les tribunaux et recentrer le juge sur une fonction juridique, éviter que le conflit s'éternise et que le contentieux renaisse après le prononcé du jugement ! En effet, le taux de médiation est faible (36 %) ; le taux d'accord est très faible (10 %). Il est vrai qu'1 défendeur sur 2 se soustrait à la TMFPO et ne se présente pas à l'entretien d'information obligatoire. En outre, 1 accord sur 3 seulement donne lieu à une homologation. La sanction de l'irrecevabilité de la demande est très rigoureuse : le demandeur doit impérativement fournir une attestation d'échec de la médiation, ou justifier d'une dispense. La TMFPO est parfois vécue par le demandeur comme un facteur de ralentissement des délais de la procédure, une perte de temps. Pour certaines femmes, la TMFPO est l'occasion d'un face-à-face

douloureux et redouté avec l'ex-conjoint… Enfin, certains accords se révèlent problématiques sur le plan juridique !

15. Néanmoins, tout n'est pas aussi sombre : même si aucun accord n'est obtenu, la médiation a pu rétablir la communication entre les membres de la famille (couple et enfants), faire comprendre aux parents où est l'intérêt des enfants, apaiser le conflit. En outre, elle permet un changement de posture des différents acteurs qui adoptent un traitement plus serein du contentieux. Ces raisons expliquent la volonté des pouvoirs publics d'étendre l'expérimentation en dépit des critiques[149].

B. L'INTÉGRATION ACCRUE DES MARD DANS LE NOUVEAU CIRCUIT PROCÉDURAL DES DIVORCES JUDICIAIRES

16. Avec la procédure participative de mise en état, on assiste à une mutation des MARD. La procédure participative de mise en état (PPME ou la mise en état conventionnelle) est traitée comme un mode amiable par le Code de procédure civile, mais il faut bien en comprendre la portée. Il ne s'agit pas pour les parties assistées de leur avocat de rechercher un accord sur le fond, mais de s'entendre sur le déroulement de la mise en état (calendrier, échange d'écritures, de pièces, mesures d'instruction, y compris expertise qui peut être produite en justice et qui est contradictoire). C'est plutôt l'idée de l'amiable qui est intégré au circuit procédural que l'amiable au sens traditionnel du terme !
Les avocats doivent se préparer à l'AOMP (audience d'orientation et sur mesures provisoires) pour répondre au juge de la mise en état sur l'orientation éventuelle de la mise en état vers une PPME (art. 776 CPC) ; ils peuvent aussi solliciter un délai pour répondre (art. 779 CPC). En cas de PPME, les avocats doivent choisir l'issue procédurale : soit ils sollicitent le retrait du rôle (sachant qu'en cas de rétablissement à la fin de la mise en état, ils bénéficieront d'un audiencement privilégié, art. 1564-6 CPC) ; soit ils demandent déjà une date de clôture de l'instruction et une date d'audience de plaidoiries (art. 1546-1 CPC). Un retrait du rôle ne dessaisit pas le juge, et suspend l'instance. Mais la

[149] Résultats de l'étude qualitative Unaf dédiée à l'évaluation de la TMFPO par les familles et les professionnels de la médiation familiale, avril-oct. 2019, Camille Arnodin pour l'UNAF.

péremption ne peut pas venir sanctionner les parties (art. 392 CPC : le délai de 2 ans court à compter de l'extinction de la PPME). En appel, la PPME interrompt tous les délais pour conclure (art. 1546-2 CPC).
Lorsque les avocats ont terminé la mise en état, ils rédigent leurs dernières écritures sous la forme d'un acte contresigné par avocat dans lequel chaque partie formalise les prétentions respectives des parties, accompagnées des moyens en fait et en droit, avec l'indication pour chaque prétention des pièces invoquées (art. 1564-1 CPC). Ces écritures sont jointes à la demande de rétablissement (avec le rapport d'expertise éventuel, la convention de PPME et les pièces qui ont été échangées) s'il y avait eu retrait du rôle, avec un audiencement prioritaire (ou bien ces documents sont communiqués au juge de la mise en état au plus tard à la date prévue initialement pour la clôture, art. 1564-7 CPC).

17. Le Code de procédure civile a organisé une combinaison entre la PPME et la médiation à l'article 1546-3-5 ° CPC. En effet, si, au cours de la PPME, les parties ne parviennent pas à s'entendre, il est possible de recourir à un médiateur. Les avocats contresigneront un acte de procédure d'avocats pour désigner le médiateur, préciser sa mission, définir sa rémunération et la charge de celle-ci, et organiser le processus de médiation. Si un accord intervient, les articles 1564-1 et suivants du Code de procédure civile précisent les règles applicables (homologation de l'accord total, homologation de l'accord partiel et jugement du litige persistant).

18. Les incitations à trouver des accords se diversifient. La pacification du divorce n'est pas nouvelle, et les époux ont toujours été incités à trouver des accords, quel que soit le processus qui a permis de les établir. La tendance contemporaine consiste à inciter les époux à adopter un processus de médiation afin de parvenir à des accords ensuite soumis à l'homologation du juge au cours de la procédure de divorce.
D'abord, on observe que l'assignation en divorce doit mentionner les dispositions relatives à la médiation en matière familiale (art. 255-1 ° et 2 ° Code civil) et à la procédure participative. Mais ces mentions ne sont pas prévues à peine de nullité (art. 1107 CPC), il en va de même de la requête (art. 1090 CPC).
Ensuite, dans les procédures de divorce, le juge peut proposer une mesure de médiation (art. 255-1 ° code civil). Il peut aussi enjoindre

aux époux de rencontrer un médiateur familial qui les informe sur la médiation (art. 255-2 ° code civil). À la suite de la réunion sur injonction, les parties peuvent souhaiter soit poursuivre en médiation conventionnelle (art. 1530 et s. CPC), soit revenir devant le juge pour suivre une médiation judiciaire (art. 131-1 et s. CPC).
Enfin, que ce soit à l'issue d'une médiation ou d'un autre processus, les époux peuvent passer toutes conventions pour la liquidation et le partage de leur régime matrimonial pendant l'instance en divorce (art. 265-2 C. civil). Ils peuvent, pendant l'instance soumettre à l'homologation du juge des conventions réglant tout ou partie des conséquences du divorce (art. 268 C. civil).

19. La jurisprudence révèle des difficultés de mise en œuvre de ces dispositions. C'est ainsi qu'un arrêt de la 1re chambre civile de la Cour de cassation a statué le 12 février 2021 (n° 19-10088) sur la mise en œuvre de l'homologation d'un accord des époux au cours de l'instance d'appel sur leur divorce, accord portant sur la liquidation du régime matrimonial. L'époux demande unilatéralement l'homologation au juge, et l'épouse ne conclut pas à cette fin. La cour d'appel déclare la requête en homologation irrecevable, parce qu'elle devait être présentée par les deux époux, conformément à l'article 268 du code civil. La Cour de cassation casse l'arrêt : la demande unilatérale est recevable, mais le juge ne peut homologuer que s'il y a des conclusions concordantes de l'autre partie. L'homologation a pour effet d'habiliter les parties à signer une convention ayant la force obligatoire (et exécutoire), mais elle suppose un accord des parties. C'est bien une demande gracieuse au cours d'une instance contentieuse, puisqu'il n'y a pas de litige, et cette demande n'a pas besoin d'être conjointe : une demande d'homologation unilatérale est recevable, mais elle ne permet l'homologation que si elle est accompagnée de conclusions concordantes.

20. En conclusion, dans un article du Point du 24 mai 2021, le premier président de la Cour d'appel d'Aix-en-Provence parle de « l'avocat, nouveau juge de paix », à propos de la mise en état participative et de l'appréhension par les avocats du règlement amiable de résolution des conflits ! Cela préfigure certainement la nouvelle posture des avocats et une collaboration active avec les médiateurs !

SECONDE PARTIE

LA NOUVELLE PROCÉDURE DU DIVORCE CONTENTIEUX : UNE RÉELLE SIMPLIFICATION ?

EN ROUTE VERS UN NOUVEAU DIVORCE : L'APPORT VÉRITABLE DE LA LOI DU 23 MARS 2019 ET DE SES DÉCRETS D'APPLICATION

Patrice HILT
Maître de Conférences HDR à l'Université de Strasbourg
(EA n° 1351 FR Unistra-CNRS n° 3241)

1. Le 1er janvier 2021 sont entrées en vigueur, pour la très grande majorité d'entre elles, les modifications apportées à la procédure du divorce par la loi n° 2019-222 du 23 mars 2019 de programmation 2018-2022 et de réforme pour la justice et ses décrets d'application n° 2019-1380 du 17 décembre 2019 et n° 2020-1452 du 27 novembre 2020. Ces textes sont de procédure. Cependant, ils touchent également le fond de notre droit du divorce puisqu'ils modifient substantiellement les conditions qui permettent aux époux de divorcer pour altération définitive du lien conjugal. Ce faisant, ils illustrent la volonté désormais constante du législateur de libéraliser l'accès au divorce.

2. La démonstration est aisée. Pour la comprendre, il faut toutefois se replonger quelques instants dans le passé de notre législation familiale. Le divorce pour altération définitive du lien conjugal a succédé en 2004 au célèbre divorce pour rupture de la vie commune, lequel avait été introduit dans le Code civil par la loi du 11 juillet 1975. Cette transformation avait été réalisée par la loi n° 2004-439 du 26 mai 2004 relative au divorce parce que, à l'époque, le législateur avait considéré que les esprits étaient enfin prêts à accueillir, dans la législation, un véritable divorce pour cause objective, permettant à un époux de dénouer les liens du mariage en constatant simplement son échec, indépendamment de toute idée de sanction. Et il n'avait pas tort, car la consécration du divorce pour altération définitive du lien conjugal aux articles 237 et 238 du Code civil n'avait suscité aucun émoi particulier, ni des juristes[150], ni de la société civile. On était alors très loin des débats

---

[150]. J. Hauser, Le divorce pour altération définitive du lien conjugal et la société de la réalité, Dr. fam. 2005, n°7, F. Valencia, L'instauration du divorce pour altération définitive du lien conjugal : révolution ou simple évolution du droit du divorce ? Gaz. Pal. 2005, 1, Doctr. 85. L'auteur le plus critique à l'endroit de ce nouveau divorce fut

et critiques qui avaient entouré, en 1975, l'instauration du divorce pour rupture de la vie commune qui, longtemps, avait ses détracteurs[151].

3. Que s'est-il donc passé entre 1975 et 2004 pour que les réactions aient été à ce point différentes, passant de la réprobation sociale à l'acceptation presque spontanée ? La montée de l'individualisme, l'influence grandissante des droits de l'Homme ou encore l'esprit d'ouverture qui est venu envelopper les nouvelles réformes de droit de la famille[152] sont assurément des éléments de réponses. Mais tout de même, cette quasi absence de réaction lors de la création du divorce pour altération définitive du lien conjugal demeure, à certains égards, assez curieuse : certes, entre 1975 et 2004, les mentalités ont considérablement évolué ; certes, l'idée d'un divorce-faillite — d'autres disent divorce-remède — qui colore le divorce pour altération définitive du lien conjugal était déjà sous-jacente au divorce pour rupture de la vie commune ; certes encore, les règles applicables au divorce pour altération définitive du lien conjugal sont, pour la plupart, celles qui régissent les autres divorces contentieux.

4. Toutefois, ce divorce présente plusieurs particularismes qui peuvent apparaître comme exorbitants du droit commun du divorce. Ainsi, sur le terrain de la procédure, le juge saisi d'une demande en divorce pour altération définitive du lien conjugal est placé dans une sorte de compétence liée puisqu'il est contraint de prononcer le divorce dès lors que les conditions légales sont satisfaites. Par ailleurs, il lui est également interdit de relever d'office le moyen tiré du défaut d'expiration du délai prévu au premier alinéa de l'article 238 du Code civil, ce dont dispose expressément l'article 1126 du Code de procédure

---

Philippe Malaurie, notamment dans son article intitulé « Le divorce pour altération définitive du lien conjugal et la société de la peur » (Defrébois 2004, 1601 s.).

[151]. M.-D. Cruege, Propos critiques sur le divorce pour rupture de la vie commune : « du mariage-sanction au divorce-lésion », Gaz. Pal. 1977, 2, Doctr. 441 s. ; D. Demars-Sion, Libéralisation du divorce : l'apport véritable de la loi du 11 juillet 1975 à la lumière de celle du 20 septembre 1792, RTD civ. 1980, 231 s. ; B. Monsallier, Le divorce pour rupture de la vie commune (L. du 11 juillet 1975), RTD civ. 1980, 266 s.

[152] Parmi les réformes les plus emblématiques, il convient de citer la loi n°99-944 du 15 novembre 1999 relative au pacte civil de solidarité, la loi n°2001-1135 du 3 décembre 2001 relative aux droits du conjoint survivant et des enfants adultérins et modernisant diverses dispositions du droit successorales ou encore la loi du 4 mars 2002 n°2002-305 relative à l'autorité parentale.

civile. La marge d'appréciation du juge est donc extrêmement limitée dans le divorce pour altération définitive du lien conjugal. Une autre spécificité se retrouve également sur le terrain des effets produits par ce divorce puisque le divorce pour altération définitive du lien conjugal est l'un des rares divorces à autoriser le conjoint défendeur à réclamer au demandeur des dommages et intérêts sur le fondement de l'article 266 du Code civil, même si les conditions d'application de ce texte sont extrêmement contraignantes et la jurisprudence, dans son application, plutôt sévère. Mais cette possibilité — que certains auteurs qualifient de « *lot de consolation* » pour le défendeur[153] — montre que l'idée de sanction n'a pas été totalement écartée dans le mécanisme et la philosophie du divorce pour altération définitive du lien conjugal.

5. Ces spécificités n'ont aucunement été remises en cause, ni par la loi du 23 mars 2019, ni par ses décrets d'application du 17 décembre 2019 et du 27 novembre 2020. En revanche, ces textes, qui sont pourtant de procédure, ont profondément changé la physionomie générale du divorce pour altération définitive du lien conjugal. En modifiant les articles 238 et 246 du Code civil, ainsi que les articles 1126-1 et 1127 du Code de procédure civile, ils confirment la volonté du législateur de faciliter, un peu plus encore, l'accès au divorce. Car telle est bien l'évolution qui est en cours depuis 2004 : une libéralisation graduelle du divorce, laquelle traduit les faveurs de plus en plus insistantes du législateur pour le divorce-faillite. Les modifications introduites récemment dans le cadre de la réforme de la procédure de divorce en constituent une nouvelle étape (I). Elle ne sera cependant pas la dernière : selon nous, cette évolution se poursuivra dans les prochaines années jusqu'à aboutir, *in fine*, à la disparition du divorce pour altération définitive du lien conjugal dans sa forme actuelle, et à la consécration d'un divorce-faillite plein et entier, dans le cadre duquel l'échec irrémédiable du mariage, qu'elle qu'en soit la forme et la durée, permettra aux époux de se délier de l'union matrimoniale. L'étude d'impact, qui a été réalisée en 2018 lors de la présentation du projet de loi de programmation 2018-2022 et de réforme pour la justice, le laisse présager sans grande ambiguïté[154] (II).

---

[153] Ph. Malaurie et H. Fulchiron, *Droit de la famille*, LGDJ, 7ème éd. 2020, n°555, p. 364-365.

[154] Étude d'impact. Projet de loi de programmation 2018-2022 et de réforme pour la justice, NOR : JUST1806695L, 19 avril 2018, spéc. p. 100 s.

I. Une nouvelle étape

6. Pris à la lettre, la loi du 23 mars 2019 et ses décrets d'application ne révolutionnent pas, à proprement parler, le divorce pour altération définitive du lien conjugal. Toutefois, les modifications procédurales que ces textes réalisent en disent long sur la volonté à peine cachée du législateur.

7. Cette nouvelle étape est marquée par trois nouveautés[155]. Tout d'abord, la durée de la séparation a été réduite à un an (art. 238 C. civ.), soit à peau de chagrin en comparaison aux six ans exigés en 1975 et même aux deux ans demandés en 2004.

8. Ensuite, la computation de ce délai a également été repensée. Jusque-là, la durée de la séparation devait être acquise, dans tous les cas, au jour de l'assignation en divorce. Depuis le 1er janvier dernier, les règles sont à géométrie variable puisqu'elles dépendent du contenu de l'acte introductif d'instance qui lui-même dépend du choix opéré par le demandeur. Ainsi, lorsque le demandeur choisit de préciser le fondement de sa demande dès le stade de l'assignation, le délai d'un an continue à s'apprécier à la date de celle-ci. En revanche, si ce fondement n'est précisé qu'ultérieurement, dans les premières conclusions au fond, le délai d'un an est apprécié à la date du jugement de divorce. Cette possibilité est assez révolutionnaire, car elle signifie, en d'autres permes, qu'un époux peut aujourd'hui demander le divorce pour altération définitive du lien conjugal dès les premiers instants de la cessation de la vie commune, le délai d'un an exigé par la loi pouvant alors s'écouler pendant la procédure. Le nouvel article 1126-1 du Code de procédure civile, tel que modifié par le décret du 17 décembre 2019, le confirme expressément puisqu'il interdit au juge, dans ce cas de figure, de rendre sa décision avant l'expiration du délai d'un an. Ces nouvelles dispositions sont remarquables à plus d'un titre : elles

[155] Sur ces modifications, voir notamment : J. Casey, Nouvelle procédure de divorce : encore un décret, à peine plus de lumière… AJ fam. 2020, p. 655 s. ; E. Mulon, La nouvelle procédure de divorce, Dr. fam. 2020, n°6, p. 37 s. ; E. Mulon et V. Egéa, Le décret n°2019-1380 du 17 décembre 2019 relatif à la procédure de divorce, Dr. fam. 2020, n°8, p. 4 s. ; M.-P. Baudin-Maurin, Le divorce pour altération définitive du lien conjugal nouveau est presque arrivé, Dr. fam. 2020, n°21, p. 16 s. ; V. Egea, L'apport du décret n°2020-1452 du 27 novembre 2020 à la nouvelle procédure de divorce : « réforme de la réforme » ou simple ajustement technique ?, Dr. fam. 2021, n°1, p. 7 s.

facilitent grandement l'accès au divorce pour altération définitive du lien conjugal, le demandeur n'étant plus contraint d'attendre l'écoulement d'un délai d'un an de cessation de la vie commune pour soumettre sa demande au juge. Par voie de conséquence, ce divorce pourra être obtenu beaucoup plus rapidement, ce qui lui promet assurément un bel avenir[156] ; surtout, ces nouvelles règles confèrent au demandeur un avantage stratégique considérable puisque c'est lui, et lui seul, qui donnera le rythme à la procédure. Et cela est d'autant plus vrai depuis le décret du 27 novembre 2020 puisque ce dernier a rajouté un quatrième aliéna à l'article 1107 du Code de procédure civile, lequel dispose que, lorsque le demandeur n'a pas indiqué le fondement de la demande en divorce dans l'acte introductif d'instance, le défendeur ne peut lui-même indiquer le fondement de la demande en divorce avant les premières conclusions au fond du demandeur. Il est donc impossible pour le défendeur de briser le silence souhaité par le demandeur quant au fondement de la demande.

9. Enfin, une dernière nouveauté introduite par la loi du 23 mars 2019 a consisté à multiplier les hypothèses dans lesquelles le divorce pour altération définitive du lien conjugal peut être obtenu désormais en dehors de tout délai d'un an. Selon le nouvel article 238, alinéa 3, du Code civil, il en est ainsi à chaque fois qu'existent concurremment une demande en divorce pour altération définitive du lien conjugal et une autre demande en divorce puisque, dans cette hypothèse, le divorce sera prononcé pour altération définitive du lien conjugal « *sans que le délai d'un an ne soit exigé* ». Peu importe la forme de cette autre demande en divorce : il peut donc s'agir d'une demande reconventionnelle voire d'une demande principale formée par l'autre époux. On peut comprendre cette règle, car le fait, pour chacun des époux, de présenter une demande en divorce présume à lui seul l'altération définitive de leur union matrimoniale. Il n'en demeure pas moins que cette hypothèse se rencontre assez souvent dans la réalité des choses, ce qui signifie que bon nombre de divorces pour altération définitive du lien conjugal pourront être prononcés par le juge sans qu'ait existé entre les époux une séparation d'au moins un an. L'article 238, alinéa 3, du Code civil ne peut néanmoins s'appliquer « *sans préjudice des dispositions de l'article 246* » (art. 238, al. 3, C. civ.). Aussi, dans l'hypothèse

---

[156] Un auteur parle même d'un divorce « flash » (Ph. Malaurie et H. Fulchiron, Droit de la famille, LGDJ, 7ème éd. 2020, n°548, p. 362.

particulière dans laquelle la demande pour altération définitive du lien conjugal se trouve en concurrence avec une demande pour faute, le juge ne peut pas prononcer immédiatement le divorce pour altération définitive du lien conjugal. Il devra examiner en premier lieu la demande pour faute. Et ce n'est que s'il rejette celle-ci qu'il pourra enfin statuer sur la demande en divorce pour altération définitive du lien conjugal, à nouveau sans condition de délai.

10. Au final, toutes ces nouvelles règles ont renforcé le caractère purement objectif de ce cas de divorce et, encore une fois, cette évolution n'a été que très peu discutée lors des débats parlementaires qui ont entouré le vote de la loi du 23 mars 2019. Ce choix législatif a d'ailleurs été opéré en se souciant peu des conséquences procédurales induites par ces nouvelles règles, ce que l'on peut regretter. À titre d'exemple, le silence gardé par le demandeur quant au fondement de sa demande ne permettra au défendeur de conclure que très difficilement, notamment sur les mesures provisoires. Vont alors apparaître des conclusions en défense dont le seul objectif sera d'obliger le demandeur à dévoiler, enfin, le fondement de sa demande[157].

11. Il reste alors à savoir si, avec la loi du 23 mars 2019 et ses décrets d'application, le divorce pour altération définitive du lien conjugal est entré dans une zone de stabilité. Nous ne le pensons pas et sommes convaincus que, dans un avenir que nous pensons proche, ce divorce évoluera encore.

II. Une ultime étape ?

12. La prochaine étape dans cette marche vers la libéralisation de l'accès au divorce pourrait bien être la suppression de tout délai dans le divorce pour altération définitive du lien conjugal : il suffirait alors, pour l'époux qui ne souhaite pas poursuivre le mariage, de démontrer par tous moyens l'échec irrémédiable du couple, peu importe la cause ou encore la durée de cet échec, et sans que le conjoint puisse s'y opposer. Et dans cette évolution se posera alors la question de savoir s'il ne serait pas alors opportun de supprimer le divorce pour faute et de

[157] En ce sens : J. Casey, Nouvelle procédure de divorce : encore un décret, à peine plus de lumière… AJ fam. 2020, p. 655 s.

faire du divorce pour échec irrémédiable du mariage l'unique divorce contentieux de notre droit.

13. Il ne s'agit pas là d'une hypothèse d'école. Loin s'en faut ! L'étude d'impact qui a accompagné le projet de la loi de programmation 2018-2022 et de réforme de la justice l'envisage expressément. En effet, il ressort de ce document que, dans ses réflexions, le législateur avait examiné la solution consistant à « *unifier de manière radicale les cas de divorce* [contentieux] »[158] pour ne retenir qu'une seule cause de divorce reposant sur le constat de l'échec du couple. Mais il a préféré ne pas la retenir, du moins pas tout de suite, en soulignant que « *cette perspective de modification majeure de notre législation suppose d'avoir une appréciation de l'état de l'opinion sur cette éventuelle suppression des différents fondements du divorce* »[159]. En d'autres termes, « *avant de s'engager* [...] *dans cette voie, une évaluation du niveau de maturité de cette réforme dans l'opinion publique s'avère nécessaire* »[160]. Or « *ce niveau de maturité* » dont parle l'étude pourrait bien être atteint aujourd'hui. Les mentalités semblent prêtes à accueillir, dans notre droit, un divorce reposant uniquement sur l'échec du couple, la très grande majorité des justiciables aspirant, de nos jours, à voir dénouer les liens du mariage le plus rapidement et le plus simplement possible. La création, en 2016, d'un divorce sans juge a assurément accéléré la préparation des esprits.

14. Basculer prochainement vers un divorce unique pour échec irrémédiable du mariage s'inscrirait par ailleurs dans une tendance déjà observée dans bon nombre de pays européens. Dans de nombreux États, la législation repose aujourd'hui déjà sur la prise en considération du seul échec du mariage, ce qui suffit à justifier le divorce. C'est le cas en

---

[158] Étude d'impact. Projet de loi de programmation 2018-2022 et de réforme pour la justice, NOR : JUST1806695L, 19 avril 2018, spéc. p. 100 s. Sur l'unification des cas de divorce, voir notamment : F. Terré, C. Goldie-Genicon et D. Fenouillet, Droit civil. La famille, Dalloz, 9ème éd., 2018, n°217, p. 200 s.

[159] Étude d'impact. Projet de loi de programmation 2018-2022 et de réforme pour la justice, NOR : JUST1806695L, 19 avril 2018, spéc. p. 100 s.

[160] Étude d'impact. Projet de loi de programmation 2018-2022 et de réforme pour la justice, NOR : JUST1806695L, 19 avril 2018, spéc. p. 100 s.

Angleterre[161], en Allemagne[162], en Belgique[163], en Grèce[164], en Espagne[165], en Hongrie[166] ou encore en Pologne[167].

15. Ce nouveau divorce, dont il faudra bien évidemment préciser les contours, s'inscrirait également dans l'évolution générale de notre droit de la famille, et cela, à un double titre : d'une part, la volonté individuelle occupe une place de plus en plus importante dans notre législation, y compris dans des domaines que l'on pensait, voilà quelques années encore, marqués au fer de l'ordre public. Or le nouveau divorce pour échec irrémédiable du mariage s'apparentera, ni plus ni moins, à un divorce par simple volonté unilatérale puisque, encore une fois, et sous réserve de la preuve de l'échec de l'union, il suffira à l'un des époux de souhaiter le divorce pour que celui-ci puisse être demandé et prononcé sans que, ni le conjoint, ni le juge puissent s'y opposer de quelques manières que ce soit[168] ; d'autre part, ce divorce par simple volonté unilatérale rapprocha également le mariage du concubinage et du pacte civil de solidarité, et apportera ainsi une pierre supplémentaire dans la construction déjà bien entamée d'un droit commun du couple.

16. À coup sûr, l'évolution de notre droit du divorce telle que nous la pronostiquons, réveillera de vieux démons, bien connus en droit de la famille : nul doute que ce nouveau divorce sera assimilé par certains à une répudiation, considérée comme contraire à notre ordre public[169]. Cette critique doit toutefois être tempérée par l'obligation de recourir au juge pour obtenir ce divorce, lequel devra apprécier non seulement les conditions, mais également les effets de la volonté de rompre de l'époux qui l'a saisi.

---

[161] *Divorce, Dissolution and Separation Act*, 2020
[162] §§ 1565 et s., BGB
[163] Loi du 27 avril 2007
[164] Art. 1439 et s. C. civ.
[165] Loi du 8 juillet 2005
[166] Art. 18 Csjt
[167] Art. 56, §1 KRO
[168] En ce sens : P. Malaurie et H. Fulchiron, Droit de la famille, LGDJ, 7ème éd. 2020, n°545, p. 360-361.
[169] S'agissant de l'actuel divorce pour altération définitive du lien conjugal, la Cour de cassation n'a jamais considéré qu'il était contraire aux exigences posées par la Convention européenne des droits de l'Homme. Voir : Cass. 1ère Civ., 15 avril 2015, Dr. fam. 2015, n°144, note J.-R. Binet.

17. Nul doute encore que ce nouveau divorce sera fustigé par d'autres comme consacrant, dans notre droit, un véritable droit au divorce. À vrai dire, ce droit au divorce existe déjà aujourd'hui, même s'il n'est pas absolu, ce qu'a affirmé le Conseil constitutionnel dans sa décision rendue le 29 juillet 2016[170]. Selon lui, le droit de mettre fin aux liens du mariage résulte des articles 2 et 4 de la Déclaration des droits de l'Homme. Sur ce point, la Cour européenne des droits de l'Homme est d'un avis contraire : selon elle, la Convention européenne des droits de l'Homme ne garantit aucun droit de divorcer[171], ce qui, à plusieurs égards, peut laisser perplexe[172].

18. Nul doute encore que ce nouveau divorce posera la question de la protection, voire de la pérennité, de l'institution du mariage. S'il devient possible pour un époux de mettre fin à l'union matrimoniale sur sa seule volonté, dès lors que l'échec de celle-ci est constaté et sans considération des fautes commises, que restera-t-il du mariage ? L'histoire de notre droit de la famille a cependant démontré, à plusieurs reprises, que les réformes qui semblaient conduire à un appauvrissement du mariage n'ont jamais produit cet effet. Que l'on songe à la réforme du divorce opérée par la loi du 26 mai 2004 ou encore à la consécration du mariage homosexuel réalisée par la loi du 17 mai 2013 : malgré les craintes de certains, ces évolutions n'ont pas éloigné les citoyens du mariage, ce dont attestent les chiffres recueillis par l'Insee[173].

19. Au final, l'évolution de notre droit vers un nouveau divorce est en marche, et la loi du 23 mars 2019, avec ses décrets d'application, n'en constitue qu'une étape intermédiaire. Tel est à notre sens le véritable apport de ces textes : sous le prétexte presque anodin de vouloir simplifier la procédure de divorce, le législateur ne fait finalement que poursuivre une réforme de fond qui pourrait bien bouleverser notre droit de la famille.

---

[170] Cons. Const., 29 juillet 2016, n°2016, QPC, Dr. fam. n°194, comm. J.-R. Binet ; JCP 2017, 328, obs. A. Gouttenoire ; AJ fam. 2016, 542, obs. S. David ; RTD civ. 2016, 826, obs. J. Hauser.

[171] Notamment : Cour EDH, 10 janvier 2017, n°1955/10, *Babiarz c/ Pologne*, Dr. fam. 2017, n°58, obs. J.-R. Binet.

[172] P. Hilt, L'incontournable droit au divorce, Les petites affiches, 2017, n° 260, p. 9 s.

[173] 238 592 mariages ont été célébrés en 2013, contre 245 930 en 2012. En 2007, 273 669 mariages ont été célébrés contre 273 914 en 2006.

L'INTRODUCTION DE L'INSTANCE EN DIVORCE

Marie-Cécile LASSERRE
Maître de conférences HDR, Université Côte d'Azur
Directrice Master 2 Gestion des contentieux privés
Membre du CERDP UPR 1201

1. Casse-tête et prise de tête. Qualifiée de « *casse-tête* »[174], « *prise de tête* »[175], l'introduction de l'instance de la nouvelle procédure de divorce initiée par la loi n° 2019-222 de programmation 2018-2022 et de réforme pour la justice du 23 mars 2019[176] a d'ores et déjà fait couler beaucoup d'encre, car, si elle a été allégée, l'introduction de l'instance n'a peut-être pas été simplifiée !

2. Réforme de la procédure de divorce. Dans son aspect contentieux, la réforme de la procédure de divorce[177] résulte de la loi de programmation 2018-2022 et de réforme pour la justice et de son décret d'application en date du 17 décembre 2019 relatif à la procédure applicable aux divorces contentieux et à la séparation de corps ou au divorce sans intervention judiciaire[178], ainsi que des décrets n° 2020-950 du 30 juillet 2020 relatif aux conditions de l'élection des bâtonniers du conseil de l'ordre des avocats et au report de la réforme de la saisie conservatoire des comptes bancaires, de l'extension de l'assignation à

---

[174] F.-X. BERGER, « Réforme de la procédure civile : pas de répit pour les praticiens », *D. actu.* 1er déc. 2020.

[175] S. AMRANI-MEKKI, « Prise de date, prise de tête ? », *Gaz. Pal.* 26 janv. 2021, n° 395n2, p. 49 ; M. MURBACH, « La prise de date sans "prise de tête" en procédure de divorce », *Procédures* n° 5, Mai 2021, 5.

[176] Loi n° 2019-222 du 23 mars 2019 de programmation 2018-2022 et de réforme pour la justice, *JORF* n° 0071, 24 mars 2019, NOR : JUST1806695L

[177] Pour une présentation générale, v. not. É. MULON, « La nouvelle procédure de divorce », *Dr. fam.* n° 1, janv. 2020, étud. p. 1 ; E. GAROT, « Comment se déroule la procédure de divorce ? », *Dr. fam.* n° 1, janv. 2021, fiche pratique, p. 1 ; G. BARBE et R. LOLEV, « Comprendre la réforme du divorce en quelques schémas », *Gaz. Pal.* 5 janv. 2021, n° 394c8, p. 50 ; J. TILLAYE-DUVERDIER et C. RICHARD, « Guide pratique et exhaustif de la réforme de la procédure de divorce judiciaire », *Rev. Jur. Personnes et Famille*, n° 1, 1er janv. 2021 ; « Dossier : Réforme de la procédure du divorce », *AJ Fam.* janv. et févr. 2021, n°1 et 2, p. 13.

[178] Décr. n° 2019-1380 du 17 décembre 2019 relatif à la procédure applicable aux divorces contentieux et à la séparation de corps ou au divorce sans intervention judiciaire, *JORF* n°0294, 19 déc. 2019, NOR : JUSC1927431D

date et de la réforme de la procédure applicable aux divorces contentieux[179], et n° 2020-1452 du 27 novembre 2020 portant diverses dispositions relatives notamment à la procédure civile et à la procédure d'indemnisation des victimes d'actes de terrorisme et d'autres infractions[180], le premier décret reportant l'entrée en vigueur de la réforme et le second ajustant certaines dispositions relatives notamment à la prise de date.

3. Entrée en vigueur. Initialement fixée au 1er septembre 2020, l'entrée en vigueur de la réforme de la procédure de divorce a fait l'objet d'un report au 1er janvier 2021 par le décret n° 2020-950 du 30 juillet 2020[181]. Conformément à l'article 15 du décret du 17 décembre 2019 modifié par l'article 4 du décret du 30 juillet 2020, « *les requêtes en divorce ou en séparation de corps introduites avant le 1er janvier 2021 sont traitées selon les règles en vigueur avant cette date* ». La formulation de la disposition est importante. La référence aux requêtes introduites avant le 1er janvier 2021 — et non pas depuis — met en exergue un des points majeurs de la réforme : la modification de l'introduction de l'instance en divorce.

---

179 Décr. n° 2020-950 du 30 juillet 2020 relatif aux conditions de l'élection des bâtonniers du conseil de l'ordre des avocats et au report de la réforme de la saisie conservatoire des comptes bancaires, de l'extension de l'assignation à date et de la réforme de la procédure applicable aux divorces contentieux, *JORF* n°0188, 1 août 2020, NOR : JUSC2015535D

180 Décr. n° 2020-1452 du 27 novembre 2020 portant diverses dispositions relatives notamment à la procédure civile et à la procédure d'indemnisation des victimes d'actes de terrorisme et d'autres infractions, *JORF* n°0288, 28 nov. 2020, NOR : JUSC2025012D

181 La loi n° 2020-734 du 17 juin 2020 relative à diverses dispositions liées à la crise sanitaire, à d'autres mesures urgentes ainsi qu'au retrait du Royaume-Uni de l'Union européenne (*JORF* n° 0149, 18 juin 2020, NOR : PRMX2009367L) ayant reporté la date butoir d'entrée en vigueur de la réforme en matière de divorce en modifiant les dispositions de l'article 109 de la loi n° 2019-222 de programmation 2018-2022 et de réforme pour la justice afin de la fixer au 1er janvier 2021, le décret n° 2020-950 du 30 juillet 2020 modifie en conséquence l'entrée en vigueur du décret d'application n° 2019-1380 du 17 décembre 2019 relatif à la procédure applicable aux divorces contentieux et à la séparation de corps ou au divorce sans intervention judiciaire.

4. Objectifs et apports de la réforme. La réforme de la procédure de divorce du XXIe siècle répond à un objectif de simplification et de célérité de la procédure[182]. Une double volonté a ainsi présidé à l'élaboration du nouveau schéma procédural du divorce : la volonté de lisibilité et de « *maîtrise* »[183] des étapes de la procédure.

Parmi les changements opérés, un des apports de la réforme est l'allégement de l'introduction de l'instance en divorce. La double saisine avec requête suivie d'une assignation est supprimée à la faveur d'un unique acte d'introduction de l'instance. À cette nouveauté s'est ajoutée une modification des modalités de saisine, notamment par la consécration de la prise de date. En ce sens, le dispositif d'audiencement en amont de la procédure est un des aspects procéduraux les plus novateurs de la réforme.

5. Annonce. L'introduction de l'instance[184], soit la première phase de la procédure qui renvoie à l'initiative du procès et la saisine de la juridiction, a donc été bouleversée par la réforme de la procédure. Pour autant, il n'est pas certain que les objectifs recherchés par le législateur soient atteints. En effet, les modalités de l'introduction de l'instance en divorce renouvelées par la réforme (1) emportent une saisine du juge aux affaires familiales complexifiées (2).

I. Les modalités de l'introduction de l'instance en divorce renouvelées

6. Deux nouveautés. Avec la réforme, l'introduction de l'instance en divorce est marquée par deux nouveautés. D'une part, la procédure en deux temps est supprimée à la faveur d'un seul acte d'introduction d'instance, acte unique qui emporte un formalisme modifié (A). D'autre

---

[182] Loi n° 2019-222 du 23 mars 2019 de programmation 2018-2022 et de réforme pour la justice, préc., Rapport annexé n° 1.2.2

[183] J. TILLAYE-DUVERDIER et C. RICHARD, « Guide pratique et exhaustif de la réforme de la procédure de divorce judiciaire », préc.

[184] La naissance du lien d'instance ne doit pas se confondre avec la saisine de la juridiction. La saisine de la juridiction signifie que la demande est portée à la connaissance de la juridiction. La saisine matérialise l'instance qui a pris naissance avec la délivrance d'un acte introductif. L'introduction de l'instance, ainsi envisagée, a été profondément modifiée par la réforme du divorce.

part, la prise de date est consacrée, prise de date qui réinvente le dispositif d'audiencement (B).

A. UNE UNIQUE DEMANDE EN DIVORCE, UN FORMALISME MODIFIÉ

7. Unique acte d'introduction de l'instance. Une nouveauté de la réforme de la procédure de divorce est la suppression de la procédure en deux temps à la faveur d'un seul acte d'introduction d'instance. La phase de conciliation qui débutait avec la requête initiale et celle de l'instance au fond introduite par assignation ont laissé la place à une unique demande en divorce. Depuis le 1er janvier 2021, un seul acte introduit l'instance. Si la demande est unique, elle peut prendre deux formes. Conformément au premier alinéa de l'article 1107 du CPC, il peut s'agir soit d'une assignation, soit d'une requête formée conjointement par les parties.

8. Formalisme de l'acte d'introduction de l'instance. La suppression de la double saisine à la faveur d'un unique acte d'introduction a des conséquences formalistes. L'acte introductif d'instance doit comporter de nombreuses mentions, dont certaines sont nouvelles. Ces mentions répondent ou s'inscrivent dans des objectifs variables.

9. Formalisme de l'acte d'introduction de l'instance : volonté de conciliation. Des mentions attestent, tout d'abord, que la volonté de concilier les époux n'a pas disparu avec la réforme.
En ce sens, l'acte introductif doit contenir, à peine d'irrecevabilité de la demande, une proposition de règlement des intérêts pécuniaires et patrimoniaux[185].
Aussi, toujours dans cette volonté conciliatrice, la demande en divorce doit comporter le rappel des règles relatives à la procédure participative de mise en état, à la médiation ou encore à l'homologation des accords[186]. Ces mentions ne sont, elles, prescrites ni à peine de nullité ni à peine d'irrecevabilité.
Par ailleurs, et toujours afin de pacifier la procédure, la réforme conserve l'interdiction, à peine d'irrecevabilité de la demande,

[185] C. civ., art. 252
[186] C. civ., art. 252

d'évoquer la faute ou les faits à l'origine de la demande en divorce pour faute dans l'acte introductif d'instance[187]. Lorsque la demande relève de l'article 242 du Code civil, l'acte introductif d'instance est subordonné à une double interdiction posée au troisième alinéa de l'article 1107 du CPC. *Ab initio,* l'acte introductif d'instance ne doit indiquer ni le fondement juridique de la demande ni les faits à l'origine de celle-ci. En d'autres termes, le demandeur doit attendre avant de fonder et de motiver sa demande ; le fondement et la motivation du divorce pour faute apparaissant dans les premières conclusions au fond[188]. Si cette prohibition n'est pas respectée, la sanction est l'irrecevabilité de la demande de divorce. En revanche, lorsque la demande en divorce repose sur l'acceptation du principe de la rupture du mariage[189] ou sur le divorce par altération définitive du lien conjugal[190], une option est offerte au demandeur ; option lui permettant de fonder sa demande *ab initio* ou en cours de procédure dans les premières conclusions au fond.

---

[187] CPC, art. 1107

[188] C. civ, 251

[189] En ce qui concerne le divorce par acceptation du principe de la rupture, le décret du 17 novembre 2019 a modifié l'article 1123 du CPC et créé un nouvel article 1123-1 au même Code afin de préciser les modalités suivant lesquelles l'acceptation du principe de la rupture du mariage peut être constatée. Avant toute procédure contentieuse, l'accord peut être donné par acte sous signature privée contresigné par avocats qui ne peut être antérieur de plus de six mois à la demande en divorce (CPC, art. 1123-1). Lorsque l'instance est engagée, l'acceptation peut être constatée soit dans un procès-verbal dressé par le juge et signé par les époux et leurs avocats respectifs lors d'une audience sur mesures provisoires (CPC, art. 1123, al. 2), soit dans un accord transmis au juge de la mise en état (CPC, art. 1123-1, al. 2).

[190] En matière de divorce pour altération définitive du lien conjugal, le demandeur a la possibilité d'introduire l'instance sans indiquer les motifs de sa demande. Le nouvel article 238 du Code civil dans sa rédaction issue de la loi du 23 mars 2019 pose un délai d'un an (et non plus de deux ans) de cessation de la communauté de vie entre les époux afin de caractériser l'altération définitive du lien conjugal. Ce délai a des répercussions procédurales prévues notamment à l'article 1126-1 du CPC créé par le décret du 17 décembre 2019. Le délai caractérisant l'altération définitive du lien conjugal est alors apprécié au prononcé du divorce (C. civ., art. 238, al. 2). En cette hypothèse, la décision statuant sur le principe du divorce ne peut intervenir avant l'expiration du délai d'un an (CPC, art. 1126-1). Il en résulte qu'en l'absence de précision du motif de divorce dans la demande, le délai d'un an caractérisant l'altération définitive du lien conjugal peut s'écouler pendant la procédure.

10. Formalisme de l'acte d'introduction de l'instance : uniformisation. À ces mentions s'ajoutent celles propres à la procédure écrite ordinaire devant le tribunal judiciaire. En effet, sauf dispositions spéciales en matière familiale, l'instance est formée, instruite et jugée selon la procédure écrite ordinaire[191]. Ainsi, la réforme de la procédure de divorce doit être lue en parallèle ou à la lumière de celle de la procédure civile de 2019. À ce titre, la réforme de la procédure civile de 2019 a réalisé une unification des mentions de tout acte introductif d'instance[192]. Il en résulte que la demande introductive d'instance en divorce doit comme tout acte introductif comporter les mentions de l'article 54 du CPC auxquelles s'ajoutent les mentions des articles 56 et 752 ou 57 et 757 selon que l'acte est une assignation ou une requête. Au titre de ces mentions doit être rappelée celle[193] relative à la constitution en défense devant intervenir dans les quinze jours de la signification de l'assignation.

11. Formalisme de l'acte d'introduction de l'instance : mesures provisoires. Sur le formalisme, il peut également être précisé que les demandes relatives aux mesures provisoires, à peine d'irrecevabilité de celles-ci, doivent être formulées dans une partie distincte des demandes quant au divorce et à ses conséquences[194].

12. Formalisme de l'acte d'introduction de l'instance : urgence. Le demandeur introduit désormais l'instance par un acte unique ; acte unique répondant à un formalisme précis et qui impose des précisions en cas d'urgence.
En cas d'urgence à faire fixer des mesures provisoires, l'époux demandeur peut solliciter, par requête adressée au juge aux affaires familiales, l'autorisation d'assigner son époux en divorce et à une audience d'orientation et sur mesures provisoires fixée à bref délai[195].

---

[191] CPC, art. 1106
[192] V. not. M.-P. MOURRE-SCHREIBER, « Réforme de la procédure civile : simplification des modes de saisine », *D. actu.* 18 déc. 2019.
[193] Par référence implicite de l'article 752 à l'article 1108 du CPC.
[194] CPC, art. 1117, al. 1er
[195] CPC, art. 1109, al. 1er

Outre les mentions obligatoires spécifiques à la requête[196], il appartient à l'époux demandeur d'exposer les motifs de l'urgence, d'y joindre son projet d'assignation et de viser les pièces justificatives[197].
En cas d'autorisation, l'assignation devra quant à elle respecter, outre les mentions obligatoires vues précédemment, celles prévues à l'article 841 du CPC. Elle doit ainsi indiquer, à peine de nullité, la date et l'horaire de l'audience fixée par le JAF, comporter une copie de la requête avec l'information donnée au défendeur qu'il peut prendre connaissance au greffe de la copie des pièces visées dans la requête et lui fait sommation de communiquer les pièces dont il entend faire état avant la date de l'audience[198].

13. Récapitulatif. En consacrant un unique acte introductif d'instance, la réforme renouvelle l'introduction de l'instance. Pour résumer, hors cas d'urgence et pour l'assignation, celle-ci doit comporter les mentions visées à l'article 252 du C. civ. et aux articles 54, 56, 752, 1075, 1107, 1115 et 1117 du CPC[199]. Ainsi, il apparaît que procédure renouvelée ne rime pas avec formalisme simplifié. D'autant plus qu'outre de consacrer une unique demande introductive l'instance, la réforme du divorce prend part au mouvement de généralisation de « prise de date » qui n'est pas sans difficulté dans sa mise en place.

B. LA PRISE DE DATE, UN DISPOSITIF D'AUDIENCEMENT RÉINVENTÉ

14. Dispositif de prise de date. Outre de consacrer un unique acte d'introduction de l'instance, la réforme du divorce prend part au mouvement de généralisation de « *prise de date* ». Depuis le 1er janvier 2021, l'acte introductif d'instance avec prise de date est consacré dans le cadre de la nouvelle procédure de divorce.

[196] CPC, art. 54, 57 et 757
[197] CPC, art. 839 et 840
[198] CPC, art. 841
[199] Pour une synthèse, v. J. TILLAYE-DUVERDIER et C. RICHARD, « Guide pratique et exhaustif de la réforme de la procédure de divorce judiciaire », préc.

15. Mention de la date de l'AOMP. La conséquence formaliste de la consécration du dispositif de prise de date dans le cadre de la procédure de divorce se retrouve à l'article 1107 du CPC.
Suivant le premier alinéa de cette disposition du CPC, la demande en divorce, formée par assignation ou par requête remise ou adressée conjointement par les parties au greffe, contient « *les lieu, jour et heure de l'audience d'orientation et sur mesures provisoires* ».

« *De cet élément à forte dimension pratique qu'est la date de l'audience dépend la validité de l'assignation ou de la requête* »[200]. La mention relative à la date d'audience — les lieu, jour et heure — doit y figurer « *à peine de nullité* »[201]. Et il en est de même en cas d'autorisation à assigner à bref délai puisque l'assignation doit indiquer, à peine de nullité, la date et l'horaire de l'audience fixée par le JAF.

16. Objectif et difficulté du dispositif de prise de date. L'objectif de la prise de date est méritoire. Il s'agit d'accélérer la procédure et de renforcer le principe de sécurité juridique en permettant une meilleure anticipation et dès lors organisation tant pour le justiciable que les juridictions.
La mise en œuvre concrète de ce dispositif porte cependant à interrogations s'agissant de la délicate organisation - voire les nécessaires moyens, un outil électronique a pu être évoqué - de la communication de la date d'audience.
Même si cela est débattu par certains[202], contrairement au droit commun de la procédure ordinaire devant le tribunal judiciaire[203], la prise de date ne semble pas imposer dans le cadre de la procédure de divorce la communication du projet de requête conjointe ou d'assignation. En la matière présentement étudiée, la difficulté se concentre sur la communication de la date d'audience.

---

[200] S. TORRICELLI-CHRIFI et A. TANI « Publication du décret réformant le divorce et la séparation de corps », *D. actu.* 20 janv. 2020
[201] CPC, art. 1107, al. 1er
[202] V. M. MURBACH, « La prise de date sans « prise de tête » en procédure de divorce », préc.
[203] CPC, art. 751

17. Modalités de communication. La date de l'audience d'orientation et sur mesures provisoires est communiquée par la juridiction au demandeur[204] suivant l'arrêté du 9 mars 2020 relatif aux modalités de communication de la date de première audience devant le tribunal judiciaire[205].

L'arrêté du 9 mars 2020 n'est pas exclusif à la procédure de divorce ; mais le chapitre II intitulé « *Modalités de communication de la date de la première audience dans les procédures de divorce et de séparation de corps* » lui est consacré. Ce chapitre comprend un article, l'article 4, qui déroge au premier chapitre de l'arrêté consacré aux « *Dispositions générales* » qui, composé des articles 1 à 3, concerne la prise de date lorsque la demande en justice est formée par assignation devant le tribunal judiciaire. Conformément à l'article 4 de l'arrêté, la date de l'audience d'orientation et sur mesures provisoires « *est sollicitée par un message transmis au moyen du système de communication électronique défini par l'arrêté du 7 avril 2009 relatif à la communication électronique devant les tribunaux judiciaires dans les juridictions où une telle transmission a été rendue possible pour les procédures mentionnées au premier alinéa* ».

Dans les juridictions où cela s'avère possible, une procédure de prise de date est prévue dans le cadre de la communication par voie électronique (CPVE). Pour les juridictions qui ne permettent pas encore la prise de date dans le cadre de CPVE, le formulaire[206] annexé à l'arrêté doit être utilisé. Ce formulaire, dûment complété, peut être transmis au greffe, en main propre, par voie postale, par courrier électronique sur une adresse spécifique à la juridiction. Au sens des articles 748-1 à 748-6 du CPC, l'utilisation du courriel n'est pas assimilable à une CPVE, les conditions prévues aux articles 748-3 et 748-6 du même code n'étant pas remplies. En conclusion, et pour schématiser, la demande de date

---

[204] Décr. n° 2020-1641, 22 déc. 2020, art. 2, supprimant le terme de communication « *par tout moyen* ».

[205] Le texte renvoie à un arrêté du garde des Sceaux qui est l'arrêté du 9 mars 2020 mod. par arrêté du 22 décembre 2020, *JO* 23 déc. 2020.

[206] Le chapeau du formulaire est clair : « *Ce formulaire doit être utilisé pour toute demande de date de première audience relative à la procédure de divorce et de séparation de corps lorsque la transmission de cette date n'aura pas été rendue possible par l'envoi de messages transmis au moyen du système de communication électronique défini par l'arrêté du 7 avril 2009 relatif à la communication électronique devant les tribunaux judiciaires* ».

est effectuée par formulaire ou demande dans le cadre de la CPVE. À cette demande, le greffe répond par mail et à l'avenir par le biais du RPVA. L'essentiel étant d'avoir une preuve de la date de délivrance de la date d'audience, car « la date de la date » comme elle a été qualifiée doit être certaine puisque le délai de placement est décompté à partir de celle-ci[207].

18. Un système à parfaire. L'objectif de la prise de date est méritoire. Il s'agit d'accélérer la procédure et de renforcer le principe de sécurité juridique, le système devant permettre une meilleure anticipation et dès lors organisation tant pour le justiciable que les juridictions. La mise en œuvre concrète de ce dispositif est toutefois délicate. La Direction des affaires civiles et du Sceau (DACS) annonçait courant novembre 2020 l'élaboration d'un « *applicatif* » devant devenir l'unique voie de prise de date certaine. Il reste que les outils de communication de la date d'audience sont à parfaire d'autant plus que ma saisine du juge aux affaires familiales est complexifiée par la réforme.

II. La saisine du juge aux affaires familiales complexifiée

19. Une apparente simplification. La réforme de la procédure de divorce s'inscrit dans la réforme plus générale de la procédure civile qui a été impulsée par la loi n° 2019-222 du 23 mars 2019 de programmation 2018-2022 et de réforme pour la justice dont l'un des objectifs est de rendre plus accessible la procédure pour le justiciable[208]. L'objectif est louable. Il n'est pas certain qu'il ait été atteint par la réforme. La nouvelle procédure de divorce se révèle être un casse-tête[209] sous deux aspects, l'un mathématique par le délai de placement (A), l'autre géographique par la saisine en droit international privé (B).

[207] En ce sens, M. MURBACH, « La prise de date sans « prise de tête » en procédure de divorce », préc.
[208] Loi n° 2019-222 du 23 mars 2019 de programmation 2018-2022 et de réforme pour la justice, Rapport annexé n°1.2.2
[209] Pour reprendre le terme de F.-X. BERGER, « Réforme de la procédure civile : pas de répit pour les praticiens », préc.

A. LE DÉLAI DE PLACEMENT, UN CASSE-TÊTE MATHÉMATIQUE

20. Une remise au greffe encadrée temporellement à peine de caducité. Conformément au premier alinéa de l'article 1108 du CPC, « *Le juge aux affaires familiales est saisi, à la diligence de l'une ou l'autre partie, par la remise au greffe d'une copie de l'acte introductif d'instance* ». Cette remise au greffe est temporellement encadrée. La remise doit avoir lieu dans les délais prévus à l'article 1108 du CPC sous peine de caducité de l'acte introductif d'instance constatée d'office par ordonnance du juge aux affaires familiales, ou, à défaut, à la requête d'une partie.

21. Pluralité de configurations. Les délais de remise sont précisés à l'article 1108 du CPC[210]. Une difficulté majeure de ce système créé par la réforme est de déterminer le délai de placement, car ce délai varie en fonction de différents éléments. Plusieurs cas de figure sont à distinguer. Afin de déterminer le délai de remise, plusieurs distinctions sont à réaliser. Une différenciation primitive repose sur l'existence (2) ou non d'une urgence (1) justifiant d'autoriser à assigner à bref délai.

---

210 À la date du colloque, l'article 1108 du CPC dans sa rédaction issue du décret n°2020-1452 du 27 novembre 2020 dispose « *Le juge aux affaires familiales est saisi, à la diligence de l'une ou l'autre partie, par la remise au greffe d'une copie de l'acte introductif d'instance.*
Sous réserve que la date de l'audience soit communiquée plus de quinze jours à l'avance, la remise doit être effectuée au moins quinze jours avant cette date. En outre, lorsque la date de l'audience est communiquée par voie électronique, la remise doit être faite dans le délai de deux mois à compter de cette communication.
La remise doit avoir lieu dans les délais prévus aux alinéas précédents sous peine de caducité de l'acte introductif d'instance constatée d'office par ordonnance du juge aux affaires familiales, ou, à défaut, à la requête d'une partie.
Le défendeur est tenu de constituer avocat dans le délai de quinze jours à compter de l'assignation. Toutefois, si l'assignation lui est délivrée dans un délai inférieur ou égal à quinze jours avant la date de l'audience, il peut constituer avocat jusqu'à l'audience.
Dès le dépôt de la requête formée conjointement par les parties, de la constitution du défendeur ou, à défaut, à l'expiration du délai qui lui est imparti pour constituer avocat, le juge aux affaires familiales exerce les fonctions de juge de la mise en état ».
Au jour de l'envoi pour impression de la présente contribution, le décret n° 2021-1322 du 11 octobre 2021 relatif à la procédure d'injonction de payer, aux décisions en matière de contestation des honoraires d'avocat et modifiant diverses dispositions de procédure civile venait de paraître, *JORF* n°0239 du 13 octobre 2021. Le régime antérieur au décret du 11 octobre 2021 est donc développé et celui postérieur évoqué.

1) Le délai de placement en l'absence d'urgence

22. Distinction en fonction la date à laquelle la date de l'audience a été communiquée. S'agissant, d'une part, de l'introduction de l'instance en l'absence d'urgence, afin de déterminer le délai de placement, une distinction initiale repose sur la date à laquelle la date de l'audience a été communiquée. Une distinction est à faire selon que la date de l'audience a été ou non communiquée plus de quinze jours à l'avance.

23. Date communiquée plus de quinze jours à l'avance. Suivant une première hypothèse, la date de l'audience a été communiquée plus de quinze jours à l'avance. Ce cas impose à son tour une subdivision selon que la date de l'audience est communiquée ou non par voie électronique. Cette subdivision a toutefois été supprimée par le décret n° 2021-1322 du 11 octobre 2021 relatif à la procédure d'injonction de payer, aux décisions en matière de contestation des honoraires d'avocat et modifiant diverses dispositions de procédure civile.

24. Date communiquée plus de quinze jours à l'avance et absence de communication par voie électronique. En l'absence de communication par voie électronique, la remise de la copie de l'acte introductif doit avoir lieu au moins quinze jours avant la date de l'audience. En cette configuration, un double délai de 15 jours est posé : si la date de l'audience a été communiquée plus de quinze jours à l'avance, la remise de la copie de l'acte introductif doit avoir lieu au moins quinze jours avant la date de l'audience. Une difficulté résulte de cette première configuration. Les deux délais de 15 jours — c'est-à-dire de communication et de remise — sont calculés à partir du même événement : l'audience. Il en résulte que ces deux délais peuvent se chevaucher et, mathématiquement, aboutir à une situation délicate : une remise qui doit être effectuée concomitamment à la communication de la date d'audience[211].

---

[211] En ce sens v. F.-X. BERGER, « Réforme de la procédure civile : pas de répit pour les praticiens », préc.

25. Date communiquée plus de quinze jours à l'avance et communication par voie électronique. En l'absence d'une communication de la date de l'audience par voie électronique plus de 15 jours à l'avance, les délais de placement diffèrent. En cette configuration, la remise de la copie de l'acte introductif doit avoir lieu au moins 15 jours avant la date de l'audience et dans le délai de deux mois à compter de cette communication. Le double délai de 15 jours se retrouve et s'y ajoute un délai de 2 mois. Ces délais sont cumulatifs. Mais l'événement suivant lequel le délai est apprécié n'est pas le même. Il en résulte deux configurations possibles.

Suivant une première configuration, la date de l'audience est fixée plus de 2 mois et 15 jours après sa communication par voie électronique. Le respect du délai de 2 mois emporte alors automatiquement respect de celui de 15 jours. La solution est mathématique par addition.

Suivant une deuxième configuration, la date de l'audience est fixée moins de 2 mois et 15 jours après sa communication par voie électronique. Le respect du délai de 15 jours emporte celui de 2 mois. La solution est mathématique par soustraction. Cette dernière configuration semble possible en vertu des dispositions du CPC. Elle porte toutefois à interrogation. Cette configuration sous-tend en effet que le délai de remise de deux mois peut être respecté ; sans pour autant octroyer aux parties deux mois pour respecter la formalité.

Dans une première hypothèse, ouvrant des configurations multiples, la date de l'audience est communiquée plus de quinze jours à l'avance.

26. Date communiquée plus de quinze jours à l'avance à la suite du décret n° 2021-1322. Le décret n° 2021-1322 du 11 octobre 2021 relatif à la procédure d'injonction de payer, aux décisions en matière de contestation des honoraires d'avocat et modifiant diverses dispositions de procédure civile clarifie les règles de procédure civile relatives à l'assignation à date. À l'article 1108 du CPC est supprimé le délai de deux mois. Dès lors, la distinction entre la communication de la date de l'audience par voie électronique et par voie autre qu'électronique n'existe plus. Demeure seulement le double délai de 15 jours. Dans sa nouvelle rédaction, la disposition entre en vigueur au lendemain de la publication du décret, décret publié au Journal officiel du 13 octobre 2021.

27. Date communiquée moins de quinze jours à l'avance. Suivant une seconde hypothèse, la date de l'audience a été communiquée moins de quinze jours à l'avance. Ni la configuration ni la solution ne sont explicitement précisées à l'article 1108 du CPC. Pour autant, ce cas n'est pas à exclure.
S'agissant de la configuration, une telle hypothèse est envisageable par une lecture à la lettre de l'alinéa 2 de l'article 1108 du CPC. Cette disposition précise un délai de remise au greffe d'une copie de l'acte introductif d'instance « *sous réserve* » d'une communication de la date de l'audience plus de quinze jours avant ladite audience. La locution employée laisse supposer qu'une communication peut être réalisée moins de 15 jours à l'avance.
Quant à la solution, le texte est silencieux sur le délai d'enrôlement en cas de date d'audience communiquée moins de quinze jours à l'avance. L'acte devrait pouvoir être remis jusqu'à l'audience par analogie à la constitution d'avocat qui peut être réalisée « *jusqu'à l'audience* »[212] si l'assignation est délivrée au défendeur dans un délai inférieur ou égal à quinze jours avant la date de l'audience[213].

En l'absence d'urgence, les configurations relatives à la remise au greffe sont multiples. En cas d'urgence, la saisine est à préciser.

2) Le délai de placement en cas d'urgence

28. Urgence à faire fixer des mesures provisoires. En cas d'urgence à faire fixer des mesures provisoires, l'époux demandeur peut solliciter, par requête adressée au juge aux affaires familiales, l'autorisation d'assigner son époux en divorce et à une audience d'orientation et sur mesures provisoires fixée à bref délai. Une différentiation est à faire selon que le juge aux affaires familiales fait ou non droit à la demande.

29. Autorisation d'assigner à bref délai. Si le juge aux affaires familiales fait droit à la demande d'assigner à bref délai, le placement de l'assignation, qui constitue l'acte de saisine du juge, doit intervenir au plus tard la veille de l'audience sous peine de caducité que le juge aux affaires familiales peut constater d'office.

---

[212] CPC, art. 1108 al. 5

[213] En ce sens, v. J. CASEY, « Nouvelle procédure de divorce : encore un décret, à peine plus de lumière … », *AJ fam.* 2020, p.655

30. Refus d'assigner à bref délai. Si le juge aux affaires familiales n'accède pas à la demande d'assigner à bref délai, il a toutefois l'obligation de communiquer au demandeur une date d'audience d'orientation et sur mesures provisoires. En ce cas, les hypothèses précédemment évoquées en l'absence d'urgence trouvent à s'appliquer.

31. Un casse-tête complexifié à l'international. De ces différentes configurations relatives au délai de placement ressort que la simplicité voulue n'est qu'apparente. D'autant plus qu'à ce casse-tête mathématique s'ajoute un casse-tête géographique en cas de saisine dans le cadre d'un litige transfrontière nécessitant l'application de règles de droit international privé.

B. LA SAISINE EN DROIT INTERNATIONAL PRIVÉ, UN CASSE-TÊTE GÉOGRAPHIQUE

32. Intérêt à l'international de déterminer la date de la saisine. Le caractère international a tendance à accentuer le contentieux, voire à le complexifier. La matière familiale n'échappe pas au constat. Au contraire, la procédure de désunion internationale exacerbe *la course à la juridiction,* car « *les deux parties ont un intérêt égal à la saisine de la juridiction* »[214]. La nature de ce contentieux est ainsi propice à des situations de litispendance. L'établissement de la date voire de l'heure de saisine de la juridiction dans le contentieux transfrontière du divorce est nécessaire. Il est impératif en situation de litispendance, car la juridiction saisie en second lieu sursoit d'office à statuer jusqu'à ce que la compétence de la juridiction première saisie soit établie[215]. En conséquence, les modifications des modalités de saisine issue de la réforme française de la procédure de divorce se répercutent sur la règle applicable aux contentieux transfrontières.

---

[214] A. BOICHE, « Aspect de droit international privé », *AJ fam.* 2020, p.38.
[215] Règl. n° 2201/2003, art. 19.1.

33. Règles fixant la date de la saisine. Dans l'espace judiciaire européen, afin de déterminer la date à laquelle la juridiction est réputée saisie, le règlement Bruxelles II *bis* et son successeur le règlement Bruxelles II *ter*[216] distinguent selon que l'acte introductif d'instance doit ou non être notifié avant d'être déposé auprès de la juridiction.

Sous l'empire de l'ancienne procédure française de divorce, le juge était considéré comme saisi à la date à laquelle la requête était déposée auprès de la juridiction. Le a) du 1. de l'article 16 du règlement Bruxelles II *bis* était applicable ; suivant cette disposition, une juridiction est réputée saisie *à la date à laquelle l'acte introductif d'instance ou un acte équivalent est déposé auprès de la juridiction.* La saisine est toutefois conditionnée à une action positive du demandeur qui par la suite ne doit pas négliger *de prendre les mesures qu'il était tenu de prendre pour que l'acte soit notifié ou signifié au défendeur.*

Avec la modification de la procédure française de divorce, les règles applicables dans l'espace judiciaire européen changent. Désormais, la saisine du juge se fait par la remise au juge de l'acte introductif d'instance, mais l'acte est signifié avant d'être déposé auprès du juge aux affaires familiales. Il en résulte que le a) du 1. de l'article 16 règlement Bruxelles II *bis* n'est plus applicable. En revanche, le b) l'est puisque cette disposition vise l'hypothèse de l'acte qui *doit être notifié ou signifié avant d'être déposé auprès de la juridiction.* En ce cas, la juridiction est réputée saisie *à la date à laquelle il est reçu par l'autorité chargée de la notification ou de la signification.* La saisine est toujours conditionnée à une action positive ultérieure du demandeur qui par la suite ne doit pas négliger *de prendre les mesures qu'il était tenu de prendre pour que l'acte soit déposé auprès de la juridiction.* L'article 17 b) du règlement Bruxelles II *ter* reprend cette disposition à l'identique.

---

[216] Respectivement : règlement (CE) n° 2201/2003 du Conseil du 27 novembre 2003 relatif à la compétence, la reconnaissance et l'exécution des décisions en matière matrimoniale et en matière de responsabilité parentale abrogeant le règlement (CE) n° 1347/2000, *JOUE* L 338/1, 23 déc. 2003 ; règlement 2019/1111 du Conseil du 25 juin 2019 relatif à la compétence, la reconnaissance et l'exécution des décisions en matière matrimoniale et en matière de responsabilité parentale, ainsi qu'à l'enlèvement international d'enfants (refonte), *JOUE* L 178/1, 2 juill. 2019. Sur ces règlements européens, v. la contribution du Professeur G. PAYAN dans le présent ouvrage.

34. Autorité chargée de la notification. S'agissant des procédures de divorce transfrontières engagées depuis le 1er janvier 2021, la juridiction est saisie à la date à laquelle l'acte est reçu par l'autorité chargée de la notification. En présence d'un élément d'extranéité, l'autorité chargée de la notification peut être envisagée comme celle de l'entité d'origine ou celle de l'entité requise ; la première devant transmettre à la seconde l'acte à faire signifier dans l'État de destination.

La réponse à la question de savoir qui est *l'autorité chargée de la notification* est aussi difficile qu'incertaine. La Cour de cassation[217] a précisé que la date à laquelle la juridiction est réputée saisie est celle de la réception de l'acte à signifier par l'entité requise, définie par le 1. de l'article 7 du règlement (CE) n° 1393/2007[218], comme celle chargée de procéder ou de faire procéder à la signification ou à la notification de l'acte introductif d'instance. Cette jurisprudence a, toutefois, été rendue sous l'empire du règlement Bruxelles I dont la refonte[219] a été l'occasion de préciser que « *L'autorité chargée de la notification ou de la signification (...) est la première autorité ayant reçu les actes à notifier ou à signifier* »[220], donc celle de l'autorité d'origine.

Afin d'assurer une lecture systémique et cohérente de l'espace judiciaire européen, la solution du règlement Bruxelles I *bis* devrait être applicable au règlement Bruxelles II *ter*. En ce sens, l'autorité chargée de la signification est l'entité d'origine, c'est-à-dire pour le droit

---

[217] Cass. 1re civ., 23 janv. 2007, n° 05-21.522, *D.* 2007. *AJ* 513 ; *ibid.* 1751, obs. P. COURBE et F. JAULT-SESEKE ; *Dr. et pr.* 2007, p. 7, obs. G. MECARELLI. Confirmé par Cass. 1re civ., 13 juill. 2016, n° 15-20.900

[218] Règlement (CE) n° 1393/2007 du Parlement européen et du Conseil du 13 novembre 2007 relatif à la signification et à la notification dans les États membres des actes judiciaires et extrajudiciaires en matière civile ou commerciale (signification ou notification des actes), et abrogeant le règlement (CE) n° 1348/2000 du Conseil, L 324/79, 10 déc. 2007. Ce règlement a fait l'objet d'une refonte par le règlement (UE) 2020/1784 DU Parlement européen et du Conseil du 25 novembre 2020 relatif à la signification et à la notification dans les États membres des actes judiciaires et extrajudiciaires en matière civile ou commerciale (signification ou notification des actes (refonte). Ce règlement est applicable à partir du 1er juillet 2022. La définition de l'entité requise demeure identique.

[219] Règlement (UE) 1215/2012 du Parlement européen et du Conseil du 12 décembre 2012 concernant la compétence judiciaire, la reconnaissance et l'exécution des décisions en matière civile et commerciale (refonte), *JOUE* L 351/1, 20 déc. 2012.

[220] Règl. n° 1215/2012, art. 32.

français l'huissier chargé de la signification. La Chancellerie confirme cette lecture puisqu'elle considère que la juridiction est réputée saisie par la remise de l'assignation à l'huissier français à fins de signification de l'acte à l'autre époux, à charge pour l'huissier de mentionner dans son acte de transmission à l'autorité du pays requis pour notification, la date et l'heure auxquelles il a reçu l'assignation[221].

35. Moyen d'établir la remise à l'autorité chargée de la notification. Sauf interprétation contraire de la Cour de cassation ou de la CJUE, la saisine de la juridiction devrait être réputée faite au jour de la remise de l'assignation à l'huissier de justice chargé de sa signification à l'autre époux. Une difficulté en résulte, celle du moyen par lequel est établi cette remise. Un accusé de réception de l'huissier indiquant la date et l'heure de l'envoi est recommandé[222]. La juridiction est réputée saisie par la remise de l'assignation à l'huissier français à fins de signification de l'acte à l'autre époux, à charge pour l'huissier de mentionner dans son acte de transmission à l'autorité du pays requis pour notification, la date et l'heure auxquelles il a reçu l'assignation.

36. Conclusion. En conclusion, l'introduction de l'instance a été profondément modifiée par la réforme de la procédure de divorce du XXIe siècle. La suppression de la double saisine constitue un allégement indiscutable de la procédure de divorce ; procédure qui n'est cependant pas vraiment simplifiée au stade de l'introduction de l'instance en dépit de l'objectif de lisibilité poursuivi par la réforme.

---

[221] Citée par A. LEBEL-CLIQUETEUX, « *Vade-mecum* de la réforme de la procédure de divorce », AJ. fam. 2021, p.14.

[222] A. BOICHE, « Aspect de droit international privé », préc.

Structures éditoriales du groupe L'Harmattan

L'Harmattan Italie
Via degli Artisti, 15
10124 Torino
harmattan.italia@gmail.com

L'Harmattan Hongrie
Kossuth l. u. 14-16.
1053 Budapest
harmattan@harmattan.hu

L'Harmattan Sénégal
10 VDN en face Mermoz
BP 45034 Dakar-Fann
senharmattan@gmail.com

L'Harmattan Cameroun
TSINGA/FECAFOOT
BP 11486 Yaoundé
inkoukam@gmail.com

L'Harmattan Burkina Faso
Achille Somé – tengnule@hotmail.fr

L'Harmattan Guinée
Almamya, rue KA 028 OKB Agency
BP 3470 Conakry
harmattanguinee@yahoo.fr

L'Harmattan RDC
185, avenue Nyangwe
Commune de Lingwala – Kinshasa
matangilamusadila@yahoo.fr

L'Harmattan Congo
67, boulevard Denis-Sassou-N'Guesso
BP 2874 Brazzaville
harmattan.congo@yahoo.fr

L'Harmattan Mali
ACI 2000 - Immeuble Mgr Jean Marie Cisse
Bureau 10
BP 145 Bamako-Mali
mali@harmattan.fr

L'Harmattan Togo
Djidjole – Lomé
Maison Amela
face EPP BATOME
ddamela@aol.com

L'Harmattan Côte d'Ivoire
Résidence Karl – Cité des Arts
Abidjan-Cocody
03 BP 1588 Abidjan
espace_harmattan.ci@hotmail.fr

Nos libraires en France

Librairie internationale
16, rue des Écoles
75005 Paris
librairie.internationale@harmattan.fr
01 40 46 79 11
www.librairieharmattan.com

Librairie des savoirs
21, rue des Écoles
75005 Paris
librairie.sh@harmattan.fr
01 46 34 13 71
www.librairieharmattansh.com

Librairie Le Lucernaire
53, rue Notre-Dame-des-Champs
75006 Paris
librairie@lucernaire.fr
01 42 22 67 13

www.ingramcontent.com/pod-product-compliance
Lightning Source LLC
LaVergne TN
LVHW010055061026
849532LV00004BC/1635